Goethe

Iphigenie auf Tauris

Schroedel
westermann

Johann Wolfgang Goethe. Gemälde von Angelica Kauffmann (1741–1807), entstanden 1787/88. Öl auf Leinwand. 63,5 × 51,5 cm

Goethe

Iphigenie auf Tauris

Ein Schauspiel

Personen

Taurier → Seite 85

Iphigenie.
Thoas, König der Taurier.
Orest.
Pylades.
Arkas.

Hain → Seite 85

Dianens → Seite 85

Schauplatz:
Hain vor Dianens Tempel.

Erster Aufzug.

Erster Auftritt.

Iphigenie. Heraus in eure Schatten, rege Wipfel
Des alten, heil'gen, dichtbelaubten Haines,
Wie in der Göttin stilles Heiligtum,
Tret' ich noch jetzt mit schauderndem Gefühl,
Als wenn ich sie zum ersten Mal beträte,
Und es gewöhnt sich nicht mein Geist hierher.
So manches Jahr bewahrt mich hier verborgen
Ein hoher Wille, dem ich mich ergebe;
Doch immer bin ich, wie im ersten, fremd.
Denn ach mich trennt das Meer von den Geliebten,
Und an dem Ufer steh' ich lange Tage,
Das Land der Griechen mit der Seele suchend;
Und gegen meine Seufzer bringt die Welle
Nur dumpfe Töne brausend mir herüber.
Weh dem, der fern von Eltern und Geschwistern
Ein einsam Leben führt! Ihm zehrt der Gram
Das nächste Glück vor seinen Lippen weg.
Ihm schwärmen abwärts immer die Gedanken
Nach seines Vaters Hallen, wo die Sonne
Zuerst den Himmel vor ihm aufschloss, wo
Sich Mitgeborne spielend fest und fester
Mit sanften Banden aneinander knüpften.
Ich rechte mit den Göttern nicht; allein
Der Frauen Zustand ist beklagenswert.
Zu Haus und in dem Kriege herrscht der Mann
Und in der Fremde weiß er sich zu helfen.
Ihn freuet der Besitz; ihn krönt der Sieg;
Ein ehrenvoller Tod ist ihm bereitet.
Wie eng-gebunden ist des Weibes Glück!

Mitgeborne Geschwister

rechte streite

allein jedoch

Schon einem rauhen Gatten zu gehorchen,
Ist Pflicht und Trost; wie elend, wenn sie gar
Ein feindlich Schicksal in die Ferne treibt!
So hält mich Thoas hier, ein edler Mann,
In ernsten, heil'gen Sklavenbanden fest.
O wie beschämt gesteh ich, dass ich dir
Mit stillem Widerwillen diene, Göttin.
Dir meiner Retterin! Mein Leben sollte
Zu freiem Dienste dir gewidmet sein.
Auch hab ich stets auf dich gehofft und hoffe
Noch jetzt auf dich Diana, die du mich,
Des größten Königes verstoßne Tochter,
In deinen heil'gen, sanften Arm genommen.
Ja, Tochter Zeus', wenn du den hohen Mann,
Den du, die Tochter fodernd, ängstigtest;
Wenn du den göttergleichen Agamemnon,
Der dir sein Liebstes zum Altare brachte,
Von Trojas umgewandten Mauern rühmlich
Nach seinem Vaterland zurückbegleitet,
Die Gattin ihm, Elektren und den Sohn,
Die schönen Schätze, wohl erhalten hast;
So gib auch mich den Meinen endlich wieder,
Und rette mich, die du vom Tod errettet,
Auch von dem Leben hier, dem zweiten Tode.

Zweiter Auftritt.

Iphigenie. Arkas.

Arkas. Der König sendet mich hieher und beut
Der Priesterin Dianens Gruß und Heil.
Dies ist der Tag, da Tauris seiner Göttin

Zeus → Seite 85

fodernd fordernd

Agamemnon → Seite 85

dir sein Liebstes zum Altare brachte → Seite 85

umgewandten umgestürzten, geschleiften, zerstörten

Gattin Klytaimnestra, Iphigenies Mutter

Elektren Iphigenies jüngere Schwester Elektra

den Sohn Orest

hieher hierher

beut entbietet

Für wunderbare neue Siege dankt.
Ich eile vor dem König und dem Heer,
Zu melden, dass er kommt und dass es naht.
Iphigenie. Wir sind bereit, sie würdig zu empfangen,
Und unsre Göttin sieht willkomm'nem Opfer
Von Thoas' Hand mit Gnadenblick entgegen.
Arkas. O fänd ich auch den Blick der Priesterin,
Der werten, vielgeehrten, deinen Blick
O heil'ge Jungfrau, heller, leuchtender,
Uns allen gutes Zeichen! Noch bedeckt
Der Gram geheimnisvoll dein Innerstes;
Vergebens harren wir schon jahrelang
Auf ein vertraulich Wort aus deiner Brust.
Solang ich dich an dieser Stätte kenne,
Ist dies der Blick, vor dem ich immer schaudre;
Und wie mit Eisenbanden bleibt die Seele
Ins Innerste des Busens dir geschmiedet.
Iphigenie. Wie's der Vertriebnen, der Verwaisten ziemt.
Arkas. Scheinst du dir hier vertrieben und verwaist?
Iphigenie. Kann uns zum Vaterland die Fremde werden?
Arkas. Und dir ist fremd das Vaterland geworden.
Iphigenie. Das ist's, warum mein blutend Herz nicht heilt.
In erster Jugend, da sich kaum die Seele
An Vater, Mutter und Geschwister band;
Die neuen Schösslinge, gesellt und lieblich,
Vom Fuß der alten Stämme himmelwärts
Zu dringen strebten; leider fasste da
Ein fremder Fluch mich an und trennte mich
Von den Geliebten, riss das schöne Band
Mit eh'rner Faust entzwei. Sie war dahin,
Der Jugend beste Freude, das Gedeihn
Der ersten Jahre. Selbst gerettet, war
Ich nur ein Schatten mir, und frische Lust

des Busens der Brust (wo das fühlende Herz sitzt)

ziemt zukommt

Schösslinge hier im übertragenen Sinn für Kinder (Sprösslinge)

gesellt in geschwisterlicher Gemeinschaft

eh'rner eiserner, schicksalhaft unerbittlicher

Des Lebens blüht in mir nicht wieder auf.
Arkas. Wenn du dich so unglücklich nennen willst;
So darf ich dich auch wohl undankbar nennen.
Iphigenie. Dank habt ihr stets.
Arkas. Doch nicht den reinen Dank,
Um dessentwillen man die Wohltat tut;
Den frohen Blick, der ein zufriednes Leben

Wirte Gastgeber

Und ein geneigtes Herz dem Wirte zeigt.
Als dich ein tief-geheimnisvolles Schicksal
Vor so viel Jahren diesem Tempel brachte,
Kam Thoas, dir als einer Gottgegebnen
Mit Ehrfurcht und mit Neigung zu begegnen.

ward dir hold wurde dir zu einem friedlichen Hafen

Und dieses Ufer ward dir hold und freundlich,
Das jedem Fremden sonst voll Grausens war,
Weil niemand unser Reich vor dir betrat,
Der an Dianens heil'gen Stufen nicht
Nach altem Brauch, ein blut'ges Opfer, fiel.

Gleich einem Schatten um sein eigen Grab → Seite 85

Iphigenie. Frei atmen macht das Leben nicht allein.
Welch Leben ist's, das an der heil'gen Stätte,
Gleich einem Schatten um sein eigen Grab,
Ich nur vertrauern muss? Und nenn ich das

Zu jenen Auf jene

Ein fröhlich selbstbewusstes Leben, wenn

an dem Ufer Lethes → Seite 85

Uns jeder Tag, vergebens hingeträumt,
Zu jenen grauen Tagen vorbereitet,

Abgeschiednen Verstorbenen

Die an dem Ufer Lethes, selbstvergessend,
Die Trauerschar der Abgeschiednen feiert?

feiert beschäftigungslos zubringt

Ein unnütz Leben ist ein früher Tod;
Dies Frauenschicksal ist vor allen meins.

vor allen meins → Seite 85

Arkas. Den edeln Stolz, dass du dir selbst nicht g'nügest,
Verzeih ich dir, so sehr ich dich bedaure:

dass du dir selbst nicht g'nügest → Seite 85

Er raubet den Genuss des Lebens dir.
Du hast hier nichts getan seit deiner Ankunft?
Wer hat des Königs trüben Sinn erheitert?

Wer hat den alten grausamen Gebrauch,
Dass am Altar Dianens jeder Fremde
Sein Leben blutend lässt, von Jahr zu Jahr
Mit sanfter Überredung aufgehalten,
Und die Gefangnen vom gewissen Tod
Ins Vaterland so oft zurückgeschickt?
Hat nicht Diane, statt erzürnt zu sein
Dass sie der blut'gen alten Opfer mangelt,
Dein sanft Gebet in reichem Maß erhört?
Umschwebt mit frohem Fluge nicht der Sieg
Das Heer? und eilt er nicht sogar voraus?
Und fühlt nicht jeglicher ein besser Los,
Seitdem der König, der uns weis' und tapfer
So lang geführet, nun sich auch der Milde
In deiner Gegenwart erfreut und uns
Des schweigenden Gehorsams Pflicht erleichtert.
Das nennst du unnütz? wenn von deinem Wesen
Auf Tausende herab ein Balsam träufelt;
Wenn du dem Volke, dem ein Gott dich brachte,
Des neuen Glückes ew'ge Quelle wirst,
Und an dem unwirtbaren Todesufer
Dem Fremden Heil und Rückkehr zubereitest?
Iphigenie. Das Wenige verschwindet leicht dem Blick,
Der vorwärts sieht wie viel noch übrig bleibt.
Arkas. Doch lobst du den, der was er tut nicht schätzt?
Iphigenie. Man tadelt den, der seine Taten wägt.
Arkas. Auch den, der wahren Wert zu stolz nicht achtet,
Wie den, der falschen Wert zu eitel hebt.
Glaub mir und hör auf eines Mannes Wort,
Der treu und redlich dir ergeben ist:
Wenn heut der König mit dir redet, so
Erleichtr' ihm, was er dir zu sagen denkt.
Iphigenie. Du ängstest mich mit jedem guten Worte;

gewissen sicheren

der … Opfer mangelt auf die … Opfer verzichten muss

Umschwebt … das Heer → Seite 85

ein besser Los ein besseres Schicksal

ein Gott die Göttin Diana

unwirtbaren unwirtlichen, (dem Fremden) feindlichen

zubereitest verschaffst

der seine Taten wägt der auf seine eigenen Verdienste hinweist

der falschen Wert zu eitel hebt → Seite 85

denkt vorhat, wünscht

ängstest ängstigst

Antrag Liebes- und Heiratsantrag

seines Reiches Folger Nachfolger auf seinem Thron

hülflos hilflos

Skythe → Seite 86

setzt ins Reden keinen Vorzug hält nichts von vielem Reden, ist wortkarg und zurückhaltend

ein rückhaltend Weigern eine nur indirekt (zurückhaltend) zum Ausdruck gebrachte Haltung der Weigerung

ob er's gleich auch wenn er es

vor ihm verwahrst ihm entziehst, verweigerst

Nährt Hegt, empfindet

zu besitzen zu seiner Frau zu machen

Oft wich ich seinem Antrag mühsam aus.
Arkas. Bedenke was du tust und was dir nützt.
Seitdem der König seinen Sohn verloren,
Vertraut er wenigen der Seinen mehr,
Und diesen wenigen nicht mehr wie sonst.
Missgünstig sieht er jedes Edeln Sohn
Als seines Reiches Folger an; er fürchtet
Ein einsam hülflos Alter, ja vielleicht
Verwegnen Aufstand und frühzeit'gen Tod.
Der Skythe setzt ins Reden keinen Vorzug,
Am wenigsten der König. Er, der nur
Gewohnt ist zu befehlen und zu tun,
Kennt nicht die Kunst, von weitem ein Gespräch
Nach seiner Absicht langsam fein zu lenken.
Erschwer's ihm nicht durch ein rückhaltend Weigern,
Durch ein vorsätzlich Missverstehen. Geh
Gefällig ihm den halben Weg entgegen.
Iphigenie. Soll ich beschleunigen was mich bedroht?
Arkas. Willst du sein Werben eine Drohung nennen?
Iphigenie. Es ist die schrecklichste von allen mir.
Arkas. Gib ihm für seine Neigung nur Vertraun.
Iphigenie. Wenn er von Furcht erst meine Seele löst.
Arkas. Warum verschweigst du deine Herkunft ihm?
Iphigenie. Weil einer Priesterin Geheimnis ziemt.
Arkas. Dem König sollte nichts Geheimnis sein;
Und ob er's gleich nicht fordert, fühlt er's doch
Und fühlt es tief in seiner großen Seele,
Dass du sorgfältig dich vor ihm verwahrst.
Iphigenie. Nährt er Verdruss und Unmut gegen mich?
Arkas. So scheint es fast. Zwar schweigt er auch von dir;
Doch haben hingeworfne Worte mich
Belehrt, dass seine Seele fest den Wunsch
Ergriffen hat, dich zu besitzen. Lass,

O überlass ihn nicht sich selbst! damit
In seinem Busen nicht der Unmut reife
Und dir Entsetzen bringe, du zu spät
An meinen treuen Rat mit Reue denkest.

Iphigenie. Wie? sinnt der König, was kein edler Mann,
Der seinen Namen liebt und dem Verehrung
Der Himmlischen den Busen bändiget,
Je denken sollte? Sinnt er vom Altar
Mich in sein Bette mit Gewalt zu ziehn?
So ruf ich alle Götter und vor allen
Dianen die entschlossne Göttin an,
Die ihren Schutz der Priesterin gewiss,
Und Jungfrau einer Jungfrau, gern gewährt.

Arkas. Sei ruhig! Ein gewaltsam neues Blut
Treibt nicht den König, solche Jünglingstat
Verwegen auszuüben. Wie er sinnt,
Befürcht ich andern harten Schluss von ihm,
Den unaufhaltbar er vollenden wird:
Denn seine Seel ist fest und unbeweglich.
Drum bitt ich dich, vertrau ihm; sei ihm dankbar,
Wenn du ihm weiter nichts gewähren kannst.

Iphigenie. O sage was dir weiter noch bekannt ist.

Arkas. Erfahr's von ihm. Ich seh den König kommen;
Du ehrst ihn, und dich heißt dein eigen Herz,
Ihm freundlich und vertraulich zu begegnen.
Ein edler Mann wird durch ein gutes Wort
Der Frauen weit geführt.

Iphigenie *allein.* Zwar seh ich nicht,
Wie ich dem Rat des Treuen folgen soll;
Doch folg ich gern der Pflicht, dem Könige
Für seine Wohltat gutes Wort zu geben,
Und wünsche mir, dass ich dem Mächtigen,
Was ihm gefällt, mit Wahrheit sagen möge.

seinem Busen seiner Brust (seinem Herzen)

sinnt erwägt, hat ... im Sinn

Verehrung / Der Himmlischen Respekt vor den Göttern

den Busen bändiget Zurückhaltung und Mäßigung auferlegt

Jungfrau einer Jungfrau → Seite 86

Ein gewaltsam neues Blut / Treibt nicht den König Der König wird sich nicht plötzlich zu unüberlegtem, gewalttätigem Handeln hinreißen lassen.

Schluss Beschluss

Wenn du ihm Wenn du ihm schon

Dritter Auftritt.

Iphigenie. Thoas.

königlichen Gütern → Seite 86

Fülle Erfüllung

ein Geringer ein gewöhnlicher Mensch

gerochen gerächt

ergetze erfreue

Iphigenie. Mit königlichen Gütern segne dich
Die Göttin! Sie gewähre Sieg und Ruhm
Und Reichtum und das Wohl der Deinigen
Und jedes frommen Wunsches Fülle dir!
Dass, der du über viele sorgend herrschest,
Du auch vor vielen seltnes Glück genießest.
Thoas. Zufrieden wär ich, wenn mein Volk mich rühmte:
Was ich erwarb; genießen andre mehr
Als ich. Der ist am glücklichsten, er sei
Ein König oder ein Geringer, dem
In seinem Hause Wohl bereitet ist.
Du nahmest teil an meinen tiefen Schmerzen,
Als mir das Schwert der Feinde meinen Sohn,
Den letzten, besten, von der Seite riss.
Solang die Rache meinen Geist besaß,
Empfand ich nicht die Öde meiner Wohnung;
Doch jetzt, da ich befriedigt wiederkehre,
Ihr Reich zerstört, mein Sohn gerochen ist,
Bleibt mir zu Hause nichts das mich ergetze.
Der fröhliche Gehorsam, den ich sonst
Aus einem jeden Auge blicken sah,
Ist nun von Sorg' und Unmut still gedämpft.
Ein jeder sinnt was künftig werden wird,
Und folgt dem Kinderlosen, weil er muss.
Nun komm ich heut in diesen Tempel, den
Ich oft betrat um Sieg zu bitten und
Für Sieg zu danken. Einen alten Wunsch
Trag ich im Busen, der auch dir nicht fremd,
Noch unerwartet ist: ich hoffe, dich

Zum Segen meines Volks und mir zum Segen,
Als Braut in meine Wohnung einzuführen.

Iphigenie. Der Unbekannten bietest du zu viel,
O König, an. Es steht die Flüchtige
Beschämt vor dir, die nichts an diesem Ufer
Als Schutz und Ruhe sucht, die du ihr gabst.

Thoas. Dass du in das Geheimnis deiner Abkunft
Vor mir wie vor dem Letzten stets dich hüllest,
Wär unter keinem Volke recht und gut.
Dies Ufer schreckt die Fremden: das Gesetz
Gebietet's und die Not. Allein von dir,
Die jedes frommen Rechts genießt, ein wohl
Von uns empfangner Gast, nach eignem Sinn
Und Willen ihres Tages sich erfreut,
Von dir hofft' ich Vertrauen, das der Wirt
Für seine Treue wohl erwarten darf.

Iphigenie. Verbarg ich meiner Eltern Namen und
Mein Haus, o König, war's Verlegenheit,
Nicht Misstraun. Denn vielleicht, ach wüsstest du,
Wer vor dir steht, und welch verwünschtes Haupt
Du nährst und schützest; ein Entsetzen fasste
Dein großes Herz mit seltnem Schauer an,
Und statt die Seite deines Thrones mir
Zu bieten, triebest du mich vor der Zeit
Aus deinem Reiche; stießest mich vielleicht,
Eh zu den Meinen frohe Rückkehr mir
Und meiner Wandrung Ende zugedacht ist,
Dem Elend zu, das jeden Schweifenden,
Von seinem Haus Vertriebnen überall
Mit kalter fremder Schreckenshand erwartet.

Thoas. Was auch der Rat der Götter mit dir sei,
Und was sie deinem Haus und dir gedenken;
So fehlt es doch, seitdem du bei uns wohnst

Abkunft Abstammung, Herkunft

Die jedes frommen Rechts genießt Die im Genuss aller Rechte lebt, die das Heiligtum der Göttin gewährt

ihres Tages sich erfreut leben darf

vor der Zeit früher als nötig, früher als vom Schicksal vorbestimmt

der Rat der Götter mit dir der Ratschluss, Beschluss der Götter über dich

dir und deinem Haus gedenken mit dir und deiner Familie vorhaben

Und eines frommen Gastes Recht genießest,
An Segen nicht, der mir von oben kommt.
Ich möchte schwer zu überreden sein,
Dass ich an dir ein schuldvoll Haupt beschütze.
Iphigenie. Dir bringt die Wohltat Segen, nicht der Gast.
Thoas. Was man Verruchten tut, wird nicht gesegnet.
Drum endige dein Schweigen und dein Weigern;
Es fordert dies kein ungerechter Mann.
Die Göttin übergab dich meinen Händen;
Wie du ihr heilig warst, so warst du's mir.
Auch sei ihr Wink noch künftig mein Gesetz:
Wenn du nach Hause Rückkehr hoffen kannst,
So sprech ich dich von aller Fordrung los.
Doch ist der Weg auf ewig dir versperrt,
Und ist dein Stamm vertrieben, oder durch
Ein ungeheures Unheil ausgelöscht,
So bist du mein durch mehr als Ein Gesetz.
Sprich offen! und du weißt, ich halte Wort.
Iphigenie. Vom alten Bande löset ungern sich
Die Zunge los, ein langverschwiegenes
Geheimnis endlich zu entdecken. Denn
Einmal vertraut, verlässt es ohne Rückkehr
Des tiefen Herzens sichre Wohnung, schadet,
Wie es die Götter wollen, oder nützt.
Vernimm! Ich bin aus Tantalus' Geschlecht.
Thoas. Du sprichst ein großes Wort gelassen aus.
Nennst du Den deinen Ahnherrn, den die Welt
Als einen ehmals Hochbegnadigten
Der Götter kennt? Ist's jener Tantalus,
Den Jupiter zu Rat und Tafel zog,
An dessen alterfahrnen, vielen Sinn
Verknüpfenden Gesprächen Götter selbst,
Wie an Orakelsprüchen sich ergetzten?

möchte schwer zu überreden sein kann kaum glauben

Verruchten Ausgestoßenen, die schwere Verbrechen auf sich geladen haben

ungerechter ungerecht denkender bzw. handelnder

zu entdecken auszusprechen, zu verraten, zu gestehen

vertraut ausgesprochen, anvertraut

bin aus Tantalus' Geschlecht gehöre der Familie des Tantalus an

Ahnherrn Vorfahren

ehmals vormals, einst

Hochbegnadigten reich mit göttlicher Gnade Beschenkten

Jupiter → Seite 86

zu Rat und Tafel zog → Seite 86

Orakelsprüchen Prophezeiungen der Zukunft, göttliche Offenbarungen

Iphigenie. Er ist es; aber Götter sollten nicht
Mit Menschen, wie mit ihresgleichen, wandeln;
Das sterbliche Geschlecht ist viel zu schwach
In ungewohnter Höhe nicht zu schwindeln.
Unedel war er nicht und kein Verräter;
Allein zum Knecht zu groß, und zum Gesellen
Des großen Donn'rers nur ein Mensch. So war
Auch sein Vergehen menschlich; ihr Gericht
War streng, und Dichter singen: Übermut
Und Untreu stürzten ihn von Jovis Tisch
Zur Schmach des alten Tartarus hinab.
Ach und sein ganz Geschlecht trug ihren Hass!
Thoas. Trug es die Schuld des Ahnherrn oder eigne?
Iphigenie. Zwar die gewalt'ge Brust und der Titanen
Kraftvolles Mark war seiner Söhn' und Enkel
Gewisses Erbteil; doch es schmiedete
Der Gott um ihre Stirn ein ehern Band.
Rat, Mäßigung und Weisheit und Geduld
Verbarg er ihrem scheuen düstern Blick;
Zur Wut ward ihnen jegliche Begier,
Und grenzenlos drang ihre Wut umher.
Schon Pelops, der Gewaltig-Wollende,
Des Tantalus geliebter Sohn, erwarb
Sich durch Verrat und Mord das schönste Weib,
Des Önomaus Tochter, Hippodamien.
Sie bringt den Wünschen des Gemahls zwei Söhne,
Thyest und Atreus. Neidisch sehen sie
Des Vaters Liebe zu dem ersten Sohn
Aus einem andern Bette wachsend an.
Der Hass verbindet sie, und heimlich wagt
Das Paar im Brudermord die erste Tat.
Der Vater wähnet Hippodamien
Die Mörderin, und grimmig fordert er

wandeln umgehen

großen Donn'rers → Seite 86

Jovis Genitivform zu Jupiter

Zur Schmach des alten Tartarus In die Unterwelt als den Ort der tiefsten Erniedrigung

sein ganz Geschlecht trug ihren Hass seine Nachkommen wurden von ihrem (der Götter) Hass verfolgt

Titanen → Seite 86

Gewisses Sicheres

Rat Umsicht

Zur Wut ward ihnen jegliche Begier Jedes Begehren artete bei ihnen in Raserei aus

Önomaus → Seite 86

Hippodamien → Seite 86

entleibt tötet

ein Haus ein Geschlecht, eine Familie

entehrt … / Des Bruders Bette (indem er mit seiner Schwägerin schläft)

entwandt entwendet, geraubt

Oheim Onkel

wähnend im Glauben

Von ihr den Sohn zurück, und sie entleibt
Sich selbst –

Thoas. Du schweigest? Fahre fort zu reden!
Lass dein Vertraun dich nicht gereuen! Sprich!

Iphigenie. Wohl dem, der seiner Väter gern gedenkt,
Der froh von ihren Taten, ihrer Größe,
Den Hörer unterhält und still sich freuend
Ans Ende dieser schönen Reihe sich
Geschlossen sieht! Denn es erzeugt nicht gleich
Ein Haus den Halbgott noch das Ungeheuer;
Erst eine Reihe Böser oder Guter
Bringt endlich das Entsetzen, bringt die Freude
Der Welt hervor. – Nach ihres Vaters Tode
Gebieten Atreus und Thyest der Stadt,
Gemeinsam-herrschend. Lange konnte nicht
Die Eintracht dauern. Bald entehrt Thyest
Des Bruders Bette. Rächend treibet Atreus
Ihn aus dem Reiche. Tückisch hatte schon
Thyest, auf schwere Taten sinnend, lange
Dem Bruder einen Sohn entwandt und heimlich
Ihn als den seinen schmeichelnd auferzogen.
Dem füllet er die Brust mit Wut und Rache
Und sendet ihn zur Königsstadt, dass er
Im Oheim seinen eignen Vater morde.
Des Jünglings Vorsatz wird entdeckt: der König
Straft grausam den gesandten Mörder, wähnend
Er töte seines Bruders Sohn. Zu spät
Erfährt er, wer vor seinen trunknen Augen
Gemartert stirbt; und die Begier der Rache
Aus seiner Brust zu tilgen, sinnt er still
Auf unerhörte Tat. Er scheint gelassen,
Gleichgültig und versöhnt, und lockt den Bruder
Mit seinen beiden Söhnen in das Reich

Zurück, ergreift die Knaben, schlachtet sie
Und setzt die ekle schaudervolle Speise
Dem Vater bei dem ersten Mahle vor.
Und da Thyest an seinem Fleische sich
Gesättigt, eine Wehmut ihn ergreift,
Er nach den Kindern fragt, den Tritt, die Stimme
Der Knaben an des Saales Türe schon
Zu hören glaubt, wirft Atreus grinsend
Ihm Haupt und Füße der Erschlagnen hin.
Du wendest schaudernd dein Gesicht, o König:
So wendete die Sonn' ihr Antlitz weg
Und ihren Wagen aus dem ew'gen Gleise.
Dies sind die Ahnherrn deiner Priesterin;
Und viel unseliges Geschick der Männer,
Viel Taten des verworrnen Sinnes deckt
Die Nacht mit schweren Fittigen und lässt
Uns nur in grauenvolle Dämmrung sehn.
Thoas. Verbirg sie schweigend auch. Es sei genug
Der Gräuel! Sage nun, durch welch ein Wunder
Von diesem wilden Stamme Du entsprangst.
Iphigenie. Des Atreus ältster Sohn war Agamemnon;
Er ist mein Vater. Doch ich darf es sagen,
In ihm hab ich seit meiner ersten Zeit
Ein Muster des vollkommnen Manns gesehn.
Ihm brachte Klytaimnestra mich, den Erstling
Der Liebe, dann Elektren. Ruhig herrschte
Der König, und es war dem Hause Tantals
Die lang entbehrte Rast gewährt. Allein
Es mangelte dem Glück der Eltern noch
Ein Sohn, und kaum war dieser Wunsch erfüllt,
Dass zwischen beiden Schwestern nun Orest
Der Liebling wuchs; als neues Übel schon
Dem sichern Hause zubereitet war.

ekle widerwärtige

Antlitz Gesicht

wendete die Sonn' … ihren Wagen aus dem ew'gen Gleise → Seite 86

Fittigen Fittichen, Flügeln

seit meiner ersten Zeit von früher Kindheit an

Ihm brachte Klytaimnestra mich Ihm zur Freude brachte mich meine Mutter zur Welt

sichern vermeintlich sicheren

Raub der schönsten Frau → Seite 86

um Trojens Mauern lagerte die Stadt Troja belagerte

gewonnen erobert

Aulis → Seite 87

Kalchas → Seite 87

Erkannt ich mich zuerst vom Tode wieder Kam ich wieder zu Bewusstsein und merkte, dass ich noch lebte

ihren Weg den Plan der Göttin Diana mit ihr, Iphigenie

Der Ruf des Krieges ist zu euch gekommen,
Der, um den Raub der schönsten Frau zu rächen,
Die ganze Macht der Fürsten Griechenlands
Um Trojens Mauern lagerte. Ob sie
Die Stadt gewonnen, ihrer Rache Ziel
Erreicht, vernahm ich nicht. Mein Vater führte
Der Griechen Heer. In Aulis harrten sie
Auf günst'gen Wind vergebens: denn Diane,
Erzürnt auf ihren großen Führer, hielt
Die Eilenden zurück und forderte
Durch Kalchas' Mund des Königs ältste Tochter.
Sie lockten mit der Mutter mich ins Lager;
Sie rissen mich vor den Altar und weihten
Der Göttin dieses Haupt. – Sie war versöhnt;
Sie wollte nicht mein Blut, und hüllte rettend
In eine Wolke mich; in diesem Tempel
Erkannt ich mich zuerst vom Tode wieder.
Ich bin es selbst, bin Iphigenie,
Des Atreus Enkel, Agamemnons Tochter,
Der Göttin Eigentum, die mit dir spricht.

Thoas. Mehr Vorzug und Vertrauen geb ich nicht
Der Königstochter als der Unbekannten.
Ich wiederhole meinen ersten Antrag:
Komm, folge mir und teile was ich habe.

Iphigenie. Wie darf ich solchen Schritt, o König, wagen?
Hat nicht die Göttin, die mich rettete,
Allein das Recht auf mein geweihtes Leben?
Sie hat für mich den Schutzort ausgesucht,
Und sie bewahrt mich einem Vater, den
Sie durch den Schein genug gestraft, vielleicht
Zur schönsten Freude seines Alters hier.
Vielleicht ist mir die frohe Rückkehr nah;
Und ich, auf ihren Weg nicht achtend, hätte

Mich wider ihren Willen hier gefesselt?
Ein Zeichen bat ich, wenn ich bleiben sollte.
Thoas. Das Zeichen ist, dass du noch hier verweilst.
Such Ausflucht solcher Art nicht ängstlich auf.
Man spricht vergebens viel, um zu versagen;
Der andre hört von allem nur das Nein.
Iphigenie. Nicht Worte sind es, die nur blenden sollen;
Ich habe dir mein tiefstes Herz entdeckt.
Und sagst du dir nicht selbst, wie ich dem Vater,
Der Mutter, den Geschwistern mich entgegen
Mit ängstlichen Gefühlen sehnen muss?
Dass in den alten Hallen, wo die Trauer
Noch manchmal stille meinen Namen lispelt,
Die Freude, wie um eine Neugeborne,
Den schönsten Kranz von Säul' an Säulen schlinge.
O sendetest du mich auf Schiffen hin!
Du gäbest mir und allen neues Leben.
Thoas. So kehr zurück! Tu was dein Herz dich heißt;
Und höre nicht die Stimme guten Rats
Und der Vernunft. Sei ganz ein Weib und gib
Dich hin dem Triebe, der dich zügellos
Ergreift und dahin oder dorthin reißt.
Wenn ihnen eine Lust im Busen brennt,
Hält vom Verräter sie kein heilig Band,
Der sie dem Vater oder dem Gemahl
Aus langbewährten, treuen Armen lockt;
Und schweigt in ihrer Brust die rasche Glut,
So dringt auf sie vergebens treu und mächtig
Der Überredung goldne Zunge los.
Iphigenie. Gedenk, o König, deines edeln Wortes!
Willst du mein Zutraun so erwidern? Du
Schienst vorbereitet, alles zu vernehmen.
Thoas. Aufs Ungehoffte war ich nicht bereitet;

bat erbat

zu versagen eine unliebsame Bitte oder Forderung abzuschlagen

dir mein tiefstes Herz entdeckt dich tief in mein Herz blicken lassen; dir verraten, was mich im Tiefsten bewegt

lispelt flüstert, sanft ausspricht

bereitet vorbereitet

mit einem Weibe handeln ging mich auf Verhandlungen mit einem Weib einließ (verächtlich gemeint)

unbekannt mit dir und mir dich und mich falsch einschätzend

Dringst du in mich Bedrängst du mich, zwingst du mich

Vor allen andern merke sie der Fürst. Mehr als jeder andere mache es sich der Herrscher zur Pflicht, die Stimme der Götter zu beachten.

enden beenden diese Auseinandersetzung

Doch sollt ich's auch erwarten: wusst ich nicht,
Dass ich mit einem Weibe handeln ging?

Iphigenie.
Schilt nicht, o König, unser arm Geschlecht.
Nicht herrlich wie die euern, aber nicht
Unedel sind die Waffen eines Weibes.
Glaub es, darin bin ich dir vorzuziehn,
Dass ich dein Glück mehr als du selber kenne.
Du wähnest, unbekannt mit dir und mir,
Ein näher Band werd uns zum Glück vereinen.
Voll guten Mutes, wie voll guten Willens,
Dringst du in mich, dass ich mich fügen soll;
Und hier dank ich den Göttern, dass sie mir
Die Festigkeit gegeben, dieses Bündnis
Nicht einzugehen, das sie nicht gebilligt.

Thoas.
Es spricht kein Gott; es spricht dein eignes Herz.

Iphigenie. Sie reden nur durch unser Herz zu uns.

Thoas. Und hab Ich, sie zu hören, nicht das Recht?

Iphigenie. Es überbraust der Sturm die zarte Stimme.

Thoas. Die Priesterin vernimmt sie wohl allein?

Iphigenie. Vor allen andern merke sie der Fürst.

Thoas. Dein heilig Amt und dein geerbtes Recht
An Jovis Tisch bringt dich den Göttern näher,
Als einen erdgebornen Wilden.

Iphigenie. So
Büß ich nun das Vertraun, das du erzwangst.

Thoas.
Ich bin ein Mensch; und besser ist's wir enden.
So bleibe denn mein Wort: Sei Priesterin
Der Göttin, wie sie dich erkoren hat;
Doch mir verzeih Diane, dass ich ihr,
Bisher mit Unrecht und mit innerm Vorwurf,

Die alten Opfer vorenthalten habe.
Kein Fremder nahet glücklich unserm Ufer;
Von alters her ist ihm der Tod gewiss.
Nur Du hast mich mit einer Freundlichkeit,
In der ich bald der zarten Tochter Liebe,
Bald stille Neigung einer Braut zu sehn
Mich tief erfreute, wie mit Zauberbanden
Gefesselt, dass ich meiner Pflicht vergaß.
Du hattest mir die Sinnen eingewiegt,
Das Murren meines Volks vernahm ich nicht;
Nun rufen sie die Schuld von meines Sohnes
Frühzeit'gem Tode lauter über mich.
Um deinetwillen halt ich länger nicht
Die Menge, die das Opfer dringend fordert.

Iphigenie. Um meinetwillen hab ich's nie begehrt.
Der missversteht die Himmlischen, der sie
Blutgierig wähnt; er dichtet ihnen nur
Die eignen grausamen Begierden an.
Entzog die Göttin mich nicht selbst dem Priester?
Ihr war mein Dienst willkommner, als mein Tod.

Thoas. Es ziemt sich nicht für uns, den heiligen
Gebrauch mit leicht beweglicher Vernunft
Nach unserm Sinn zu deuten und zu lenken.
Tu deine Pflicht, ich werde meine tun.
Zwei Fremde, die wir in des Ufers Höhlen
Versteckt gefunden, und die meinem Lande
Nichts Gutes bringen, sind in meiner Hand.
Mit diesen nehme deine Göttin wieder
Ihr erstes, rechtes, lang entbehrtes Opfer!
Ich sende sie hierher; du weißt den Dienst.

meiner meine

Sinnen Sinne

eingewiegt vernebelt

den heiligen / Gebrauch die heilige Sitte

weißt den Dienst kennst deine Pflichten (als Priesterin)

Vierter Auftritt.

Iphigenie *allein.* Du hast Wolken, gnädige Retterin,
Einzuhüllen unschuldig Verfolgte,
Und auf Winden dem ehrnen Geschick sie
Aus den Armen, über das Meer,
Über der Erde weiteste Strecken
Und wohin es dir gut dünkt zu tragen.
Weise bist du und siehest das Künftige;
Nicht vorüber ist dir das Vergangne,
Und dein Blick ruht über den Deinen
Wie dein Licht, das Leben der Nächte,
Über der Erde ruhet und waltet.
O enthalte vom Blut meine Hände!
Nimmer bringt es Segen und Ruhe;
Und die Gestalt des zufällig Ermordeten
Wird auf des traurig-unwilligen Mörders
Böse Stunde lauern – und schrecken.
Denn die Unsterblichen lieben der Menschen
Weit verbreitete gute Geschlechter,
Und sie fristen das flüchtige Leben
Gerne dem Sterblichen, wollen ihm gerne
Ihres eigenen, ewigen Himmels
Mitgenießendes fröhliches Anschaun
Eine Weile gönnen und lassen.

ehrnen hier: harten, unerbittlichen

gut dünkt richtig bzw. passend erscheint

dein Licht, das Leben der Nächte → Seite 87

waltet herrscht

enthalte halte … rein

unwilligen unfreiwilligen

fristen verlängern

Zweiter Aufzug.

Erster Auftritt.

Orest. Pylades.

Orest. Es ist der Weg des Todes, den wir treten:
Mit jedem Schritt wird meine Seele stiller.
Als ich Apollen bat, das grässliche
Geleit der Rachegeister von der Seite
Mir abzunehmen, schien er Hülf und Rettung
Im Tempel seiner vielgeliebten Schwester,
Die über Tauris herrscht, mit hoffnungsreichen
Gewissen Götterworten zu versprechen;
Und nun erfüllet sich's, dass alle Not
Mit meinem Leben völlig enden soll.
Wie leicht wird's mir, dem eine Götterhand
Das Herz zusammendrückt, den Sinn betäubt,
Dem schönen Licht der Sonne zu entsagen.
Und sollen Atreus' Enkel in der Schlacht
Ein siegbekröntes Ende nicht gewinnen;
Soll ich wie meine Ahnen, wie mein Vater
Als Opfertier im Jammertode bluten:
So sei es! Besser hier vor dem Altar,
Als im verworfnen Winkel, wo die Netze
Der nahverwandte Meuchelmörder stellt.
Lasst mir so lange Ruh, ihr Unterird'schen,
Die nach dem Blut ihr, das von meinen Tritten
Herniederträufend meinen Pfad bezeichnet,
Wie losgelassne Hunde spürend hetzt.
Lasst mich, ich komme bald zu euch hinab;
Das Licht des Tags soll euch nicht sehn, noch mich.
Der Erde schöner grüner Teppich soll

Apollen Apoll

Geleit der Rachegeister → Seite 87

Schwester Gemeint ist Diana.

Gewissen Verlässlichen, verbindlichen

wo die Netze / Der nahverwandte Meuchelmörder stellt → Seite 87

ihr Unterird'schen Gemeint sind die Erinnyen.

Herniederträufend Heruntertropfend

Wie losgelassne Hunde spürend hetzt Die Erinnyen wurden oft mit Jagdhunden verglichen.

Larven → Seite 87

Kein Tummelplatz für Larven sein. Dort unten
Such ich euch auf: dort bindet alle dann
Ein gleich Geschick in ew'ge matte Nacht.
Nur dich, mein Pylades, dich, meiner Schuld

meines Banns meines Ausgestoßenseins aus der Gemeinschaft der Menschen

Und meines Banns unschuldigen Genossen,
Wie ungern nehm ich dich in jenes Trauerland
Frühzeitig mit! Dein Leben oder Tod
Gibt mir allein noch Hoffnung oder Furcht.

Pylades. Ich bin noch nicht, Orest, wie du bereit,
In jenes Schattenreich hinabzugehn.
Ich sinne noch, durch die verworrnen Pfade,

nach der schwarzen Nacht bildlich für: in den Tod

denke nicht den Tod denke nicht an den Tod

frohen glücklichen

Die nach der schwarzen Nacht zu führen scheinen,
Uns zu dem Leben wieder aufzuwinden.
Ich denke nicht den Tod; ich sinn und horche,
Ob nicht zu irgendeiner frohen Flucht
Die Götter Rat und Wege zubereiten.
Der Tod, gefürchtet oder ungefürchtet,
Kommt unaufhaltsam. Wenn die Priesterin
Schon unsre Locken weihend abzuschneiden
Die Hand erhebt, soll dein' und meine Rettung
Mein einziger Gedanke sein. Erhebe

diesem Unmut dieser Mutlosigkeit

Sei … dir bereitet Würden … auf dich warten

Von diesem Unmut deine Seele; zweifelnd
Beschleunigest du die Gefahr. Apoll
Gab uns das Wort: im Heiligtum der Schwester
Sei Trost und Hülf und Rückkehr dir bereitet.
Der Götter Worte sind nicht doppelsinnig,
Wie der Gedrückte sie im Unmut wähnt.

Des Lebens dunkle Decke … → Seite 87

Buhlen (ehebrecherischen) Geliebten

Orest. Des Lebens dunkle Decke breitete
Die Mutter schon mir um das zarte Haupt,
Und so wuchs ich herauf, ein Ebenbild
Des Vaters, und es war mein stummer Blick
Ein bittrer Vorwurf ihr und ihrem Buhlen.
Wie oft, wenn still Elektra meine Schwester

Am Feuer in der tiefen Halle saß,
Drängt' ich beklommen mich an ihren Schoß,
Und starrte, wie sie bitter weinte, sie
Mit großen Augen an. Dann sagte sie
Von unserm hohen Vater viel: wie sehr
Verlangt' ich ihn zu sehn, bei ihm zu sein!
Mich wünscht' ich bald nach Troja, ihn bald her.
Es kam der Tag –

Pylades. O lass von jener Stunde
Sich Höllengeister nächtlich unterhalten!
Uns gebe die Erinnrung schöner Zeit
Zu frischem Heldenlaufe neue Kraft.
Die Götter brauchen manchen guten Mann
Zu ihrem Dienst auf dieser weiten Erde.
Sie haben noch auf dich gezählt; sie gaben
Dich nicht dem Vater zum Geleite mit,
Da er unwillig nach dem Orkus ging.

Orest. O wär ich, seinen Saum ergreifend, ihm
Gefolgt.

Pylades. So haben die, die dich erhielten,
Für m i c h gesorgt: denn was ich worden wäre,
Wenn Du nicht lebtest, kann ich mir nicht denken;
Da ich mit dir und deinetwillen nur
Seit meiner Kindheit leb und leben mag.

Orest. Erinnre mich nicht jener schönen Tage,
Da mir dein Haus die freie Stätte gab,
Dein edler Vater klug und liebevoll
Die halb erstarrte junge Blüte pflegte;
Da du ein immer munterer Geselle,
Gleich einem leichten bunten Schmetterling
Um eine dunkle Blume, jeden Tag
Um mich mit neuem Leben gaukeltest,
Mir deine Lust in meine Seele spieltest,

zum Geleite als Begleitung, als Gefolgschaft

unwillig nach dem Orkus ging sich unfreiwillig ins Totenreich aufmachte; ermordet wurde

seinen Saum den Saum seines Gewands

erhielten am Leben erhielten, retteten

worden geworden

lebtest am Leben geblieben wärst

die freie Stätte → Seite 88

gaukeltest herumtanztest

Dass ich … mit dir / In rascher Jugend hingerissen schwärmte Dass ich … in deiner Gesellschaft von jugendlichem Überschwang erfüllt war

sprichst wahr sprichst die Wahrheit

das Ängstliche das besonders Beängstigende, Unheimliche

Dass ich, vergessend meiner Not, mit dir
In rascher Jugend hingerissen schwärmte.

Pylades. Da fing mein Leben an, als ich dich liebte.

Orest. Sag: meine Not begann, und du sprichst wahr.
Das ist das Ängstliche von meinem Schicksal,
Dass ich, wie ein verpesteter Vertriebner,
Geheimen Schmerz und Tod im Busen trage;
Dass, wo ich den gesundsten Ort betrete,
Gar bald um mich die blühenden Gesichter
Den Schmerzenszug langsamen Tods verraten.

Pylades. Der Nächste wär ich diesen Tod zu sterben,
Wenn je dein Hauch, Orest, vergiftete.
Bin ich nicht immer noch voll Mut und Lust?
Und Lust und Liebe sind die Fittige
Zu großen Taten.

die Fittige / Zu großen Taten die Flügel, / Die einem die Fähigkeit zu großen Taten verleihen

Orest. Große Taten? Ja,
Ich weiß die Zeit, da wir sie vor uns sahn!
Wenn wir zusammen oft dem Wilde nach
Durch Berg' und Täler rannten, und dereinst
An Brust und Faust dem hohen Ahnherrn gleich
Mit Keul' und Schwert dem Ungeheuer so,
Dem Räuber auf der Spur zu jagen hofften;
Und dann wir abends an der weiten See
Uns aneinander lehnend ruhig saßen,
Die Wellen bis zu unsern Füßen spielten,
Die Welt so weit, so offen vor uns lag;
Da fuhr wohl einer manchmal nach dem Schwert,
Und künft'ge Taten drangen wie die Sterne
Rings um uns her unzählig aus der Nacht.

dereinst als junge Männer

fuhr griff

Pylades. Unendlich ist das Werk, das zu vollführen
Die Seele dringt. Wir möchten jede Tat
So groß gleich tun als wie sie wächst und wird,
Wenn jahrelang durch Länder und Geschlechter

Der Mund der Dichter sie vermehrend wälzt.
Es klingt so schön was unsre Väter taten,
Wenn es in stillen Abendschatten ruhend
Der Jüngling mit dem Ton der Harfe schlürft;
Und was wir tun ist, wie es ihnen war,
Voll Müh und eitel Stückwerk!
So laufen wir nach dem was vor uns flieht,
Und achten nicht des Weges den wir treten,
Und sehen neben uns der Ahnherrn Tritte
Und ihres Erdelebens Spuren kaum.
Wir eilen immer ihrem Schatten nach,
Der göttergleich in einer weiten Ferne
Der Berge Haupt auf goldnen Wolken krönt.
Ich halte nichts von dem, der von sich denkt
Wie ihn das Volk vielleicht erheben möchte.
Allein, o Jüngling, danke du den Göttern,
Dass sie so früh durch dich so viel getan.

Orest. Wenn sie dem Menschen frohe Tat bescheren,
Dass er ein Unheil von den Seinen wendet,
Dass er sein Reich vermehrt, die Grenzen sichert,
Und alte Feinde fallen oder fliehn;
Dann mag er danken! denn ihm hat ein Gott
Des Lebens erste, letzte Lust gegönnt.
Mich haben sie zum Schlächter auserkoren,
Zum Mörder meiner doch verehrten Mutter,
Und eine Schandtat schändlich rächend, mich
Durch ihren Wink zu Grund gerichtet. Glaube,
Sie haben es auf Tantals Haus gerichtet,
Und ich, der Letzte, soll nicht schuldlos, soll
Nicht ehrenvoll vergehn.

Pylades. Die Götter rächen
Der Väter Missetat nicht an dem Sohn;
Ein jeglicher, gut oder böse, nimmt

Harfe → Seite 88

schlürft begierig in sich aufnimmt

war nicht anders ergangen ist

eitel nichtiges

erheben möchte zu erhöhen bereit bzw. begierig sei

erste, letzte Lust erste und letzte Lust (ein nützliches und heldenhaftes Leben geführt zu haben)

ihren Wink ihr wortloses Signal

gerichtet (V. 711) abgesehen

vergehn untergehen, sterben

nimmt / Sich seinen Lohn mit seiner Tat hinweg → Seite 88

erbt vererbt sich

dünkt mich so scheint es mir

verderbt ins Verderben stürzt

erwarte warte ab

zu Delphis → Seite 88

keine ... der »Unterird'schen«, der Furien, die Orest verfolgen

nicht ungeschickt nicht ohne Scharfsinn, mit Erfolg, auf einleuchtende Weise

ausgelegt (so) gedeutet (, dass es Sinn ergibt)

der Götter Rat der Ratsversammlung der olympischen Götter

der Götter Rat den Beschluss der Götter

legt / Ihm auf bürdet ihm auf, auferlegt ihm

enden vollenden

Sich seinen Lohn mit seiner Tat hinweg.
Es erbt der Eltern Segen, nicht ihr Fluch.
Orest. Uns führt ihr Segen, dünkt mich, nicht hierher.
Pylades. Doch wenigstens der hohen Götter Wille.
Orest. So ist's ihr Wille denn, der uns verderbt.
Pylades. Tu, was sie dir gebieten und erwarte.
Bringst du die Schwester zu Apollen hin,
Und wohnen beide dann vereint zu Delphis,
Verehrt von einem Volk das edel denkt;
So wird für diese Tat das hohe Paar
Dir gnädig sein, sie werden aus der Hand
Der Unterird'schen dich erretten. Schon
In diesen heil'gen Hain wagt keine sich.
Orest. So hab ich wenigstens geruh'gen Tod.
Pylades. Ganz anders denk ich, und nicht ungeschickt
Hab ich das schon Geschehne mit dem Künft'gen
Verbunden und im Stillen ausgelegt.
Vielleicht reift in der Götter Rat schon lange
Das große Werk. Diane sehnet sich
Von diesem rauhen Ufer der Barbaren
Und ihren blut'gen Menschenopfern weg.
Wir waren zu der schönen Tat bestimmt,
Uns wird sie auferlegt, und seltsam sind
Wir an der Pforte schon gezwungen hier.
Orest. Mit seltner Kunst flichst du der Götter Rat
Und deine Wünsche klug in eins zusammen.
Pylades. Was ist des Menschen Klugheit, wenn sie nicht
Auf Jener Willen droben achtend lauscht?
Zu einer schweren Tat beruft ein Gott
Den edlen Mann, der viel verbrach, und legt
Ihm auf was uns unmöglich scheint zu enden.
Es siegt der Held, und büßend dienet er
Den Göttern und der Welt, die ihn verehrt.

Orest. Bin ich bestimmt, zu leben und zu handeln;
So nehm' ein Gott von meiner schweren Stirn
Den Schwindel weg, der auf dem schlüpfrigen,
Mit Mutterblut besprengten Pfade fort
Mich zu den Toten reißt. Er trockne gnädig
Die Quelle, die, mir aus der Mutter Wunden
Entgegensprudelnd, ewig mich befleckt.
Pylades. Erwart es ruhiger! Du mehrst das Übel
Und nimmst das Amt der Furien auf dich.
Lass mich nur sinnen, bleibe still! Zuletzt,
Bedarf's zur Tat vereinter Kräfte, dann
Ruf ich dich auf, und beide schreiten wir
Mit überlegter Kühnheit zur Vollendung.
Orest. Ich hör Ulyssen reden.
Pylades. Spotte nicht.
Ein jeglicher muss seinen Helden wählen,
Dem er die Wege zum Olymp hinauf
Sich nacharbeitet. Lass es mich gestehn:
Mir scheinet List und Klugheit nicht den Mann
Zu schänden, der sich kühnen Taten weiht.
Orest. Ich schätze den, der tapfer ist und grad.
Pylades. Drum hab ich keinen Rat von dir verlangt.
Schon ist ein Schritt getan. Von unsern Wächtern
Hab ich bisher gar vieles ausgelockt.
Ich weiß, ein fremdes, göttergleiches Weib
Hält jenes blutige Gesetz gefesselt;
Ein reines Herz und Weihrauch und Gebet
Bringt sie den Göttern dar. Man rühmet hoch
Die Gütige; man glaubet, sie entspringe
Vom Stamm der Amazonen, sei geflohn,
Um einem großen Unheil zu entgehn.
Orest. Es scheint, ihr lichtes Reich verlor die Kraft
Durch des Verbrechers Nähe, den der Fluch

mehrst vermehrst, vergrößerst

das Amt der Furien (deren Aufgabe, Orest zu quälen)

Ruf ich dich auf Gebe ich dir Bescheid, erinnere ich dich an deine Verpflichtung

Ulyssen → Seite 88

Olymp → Seite 88

grad aufrecht, keine Winkelzüge kennend

ausgelockt in Erfahrung gebracht

Amazonen → Seite 88

lichtes helles, humanes

Wie eine breite Nacht verfolgt und deckt.
Die fromme Blutgier löst den alten Brauch
Von seinen Fesseln los, uns zu verderben.
Der wilde Sinn des Königs tötet uns;
Ein Weib wird uns nicht retten, wenn er zürnt.

Pylades. Wohl uns, dass es ein Weib ist! denn ein Mann,
Der beste selbst, gewöhnet seinen Geist
An Grausamkeit, und macht sich auch zuletzt
Aus dem, was er verabscheut, ein Gesetz,
Wird aus Gewohnheit hart und fast unkenntlich.
Allein ein Weib bleibt stät auf Einem Sinn,
Den sie gefasst. Du rechnest sicherer
Auf sie im Guten wie im Bösen. – Still!
Sie kommt; lass uns allein. Ich darf nicht gleich
Ihr unsre Namen nennen, unser Schicksal
Nicht ohne Rückhalt ihr vertraun. Du gehst,
Und eh sie mit dir spricht treff ich dich noch.

stät beharrlich

unser Schicksal / Nicht ohne Rückhalt ihr vertraun ihr nicht rückhaltlos (allzu offen) unser Schicksal offenbaren

Zweiter Auftritt.

Iphigenie. Pylades.

Iphigenie. Woher du seist und kommst, o Fremdling, sprich!
Mir scheint es, dass ich eher einem Griechen
Als einem Skythen dich vergleichen soll.
Sie nimmt ihm die Ketten ab.
Gefährlich ist die Freiheit, die ich gebe;
Die Götter wenden ab was euch bedroht!

Pylades. O süße Stimme! Vielwillkommner Ton
Der Muttersprach' in einem fremden Lande!
Des väterlichen Hafens blaue Berge
Seh ich Gefangner neu willkommen wieder

einem Griechen … dich vergleichen dich für einen Griechen halten

wenden ab mögen abwenden

Vor meinen Augen. Lass dir diese Freude
Versichern, dass auch ich ein Grieche bin!
Vergessen hab ich einen Augenblick,
Wie sehr ich dein bedarf, und meinen Geist
Der herrlichen Erscheinung zugewendet.
O sage, wenn dir ein Verhängnis nicht
Die Lippe schließt, aus welchem unsrer Stämme
Du deine göttergleiche Herkunft zählst.

dein bedarf deiner Hilfe bedarf, auf deine Hilfe angewiesen bin

Iphigenie. Die Priesterin, von ihrer Göttin selbst
Gewählet und geheiligt, spricht mit dir.
Das lass dir g'nügen; sage, wer du seist
Und welch unselig-waltendes Geschick
Mit dem Gefährten dich hierher gebracht.

Pylades. Leicht kann ich dir erzählen, welch ein Übel
Mit lastender Gesellschaft uns verfolgt.
O könntest du der Hoffnung frohen Blick
Uns auch so leicht, du Göttliche, gewähren!
Aus Kreta sind wir, Söhne des Adrasts:
Ich bin der jüngste, Cephalus genannt,
Und er Laodamas, der älteste
Des Hauses. Zwischen uns stand rauh und wild
Ein mittlerer, und trennte schon im Spiel
Der ersten Jugend Einigkeit und Lust.
Gelassen folgten wir der Mutter Worten,
Solang des Vaters Kraft vor Troja stritt;
Doch als er beutereich zurückekam
Und kurz darauf verschied, da trennte bald
Der Streit um Reich und Erbe die Geschwister.
Ich neigte mich zum Ältsten. Er erschlug
Den Bruder. Um der Blutschuld willen treibt
Die Furie gewaltig ihn umher.
Doch diesem wilden Ufer sendet uns
Apoll, der Delphische, mit Hoffnung zu.

Mit lastender Gesellschaft Ohne dass es sich abschütteln lässt

Solang des Vaters Kraft vor Troja stritt Solange der Vater vor Troja Krieg führte

Im Tempel seiner Schwester hieß er uns
Der Hülfe segensvolle Hand erwarten.
Gefangen sind wir und hierher gebracht,
Und dir als Opfer dargestellt. Du weißt's.

dargestellt dargeboten

Iphigenie. Fiel Troja? Teurer Mann, versichr' es mir.
Pylades. Es liegt. O sichre du uns Rettung zu!
Beschleunige die Hülfe, die ein Gott
Versprach. Erbarme meines Bruders dich.
O sag ihm bald ein gutes holdes Wort;
Doch schone seiner wenn du mit ihm sprichst,
Das bitt ich eifrig; denn es wird gar leicht
Durch Freud und Schmerz und durch Erinnerung
Sein Innerstes ergriffen und zerrüttet.
Ein fieberhafter Wahnsinn fällt ihn an,
Und seine schöne freie Seele wird
Den Furien zum Raube hingegeben.

holdes sanftes, beruhigendes, heilendes

schone seiner schone ihn

Das Darum

Iphigenie. So groß dein Unglück ist, beschwör ich dich,
Vergiss es, bis du mir genug getan.

mir genug getan meinem Wunsch (nach Informationen über den Kriegsverlauf vor Troja) nachgekommen bist

Pylades. Die hohe Stadt, die zehen lange Jahre
Dem ganzen Heer der Griechen widerstand,
Liegt nun im Schutte, steigt nicht wieder auf.
Doch manche Gräber unsrer Besten heißen
Uns an das Ufer der Barbaren denken.
Achill liegt dort mit seinem schönen Freunde.

zehen zehn

heißen / Uns veranlassen uns … zu

Barbaren → Seite 88

Iphigenie. So seid ihr Götterbilder auch zu Staub!
Pylades. Auch Palamedes, Ajax Telamons,
Sie sahn des Vaterlandes Tag nicht wieder.

Achill → Seite 88

seinem schönen Freunde → Seite 88

Iphigenie. Er schweigt von meinem Vater, nennt ihn nicht
Mit den Erschlagnen. Ja! er lebt mir noch!
Ich werd ihn sehn! O hoffe, liebes Herz!
Pylades. Doch selig sind die Tausende, die starben
Den bittersüßen Tod von Feindes Hand!
Denn wüste Schrecken und ein traurig Ende

Palamedes → Seite 88

Ajax Telamons → Seite 88

Hat den Rückkehrenden statt des Triumphs
Ein feindlich aufgebrachter Gott bereitet.
Kommt denn der Menschen Stimme nicht zu euch?
So weit sie reicht, trägt sie den Ruf umher
Von unerhörten Taten die geschahn.
So ist der Jammer, der Mycenens Hallen
Mit immer wiederholten Seufzern füllt,
Dir ein Geheimnis? – Klytaimnestra hat
Mit Hülf Ägisthens den Gemahl berückt,
Am Tage seiner Rückkehr ihn ermordet! –
Ja du verehrest dieses Königs Haus!
Ich seh es, deine Brust bekämpft vergebens
Das unerwartet ungeheure Wort.
Bist du die Tochter eines Freundes? bist
Du nachbarlich in dieser Stadt geboren?
Verbirg es nicht und rechne mir's nicht zu,
Dass ich der Erste diese Gräuel melde.
Iphigenie. Sag an, wie ward die schwere Tat vollbracht?
Pylades. Am Tage seiner Ankunft, da der König
Vom Bad erquickt und ruhig, sein Gewand
Aus der Gemahlin Hand verlangend, stieg,
Warf die Verderbliche ein faltenreich
Und künstlich sich verwirrendes Gewebe
Ihm auf die Schultern, um das edle Haupt;
Und da er wie von einem Netze sich
Vergebens zu entwickeln strebte, schlug
Ägisth ihn, der Verräter, und verhüllt
Ging zu den Toten dieser große Fürst.
Iphigenie. Und welchen Lohn erhielt der Mitverschworne?
Pylades. Ein Reich und Bette, das er schon besaß.
Iphigenie. So trieb zur Schandtat eine böse Lust?
Pylades. Und einer alten Rache tief Gefühl.
Iphigenie. Und wie beleidigte der König sie?

statt des Triumphs → Seite 89

feindlich aufgebrachter Gott → Seite 89

Mycenens Hallen → Seite 89

Ägisthens → Seite 89

berückt → Seite 89

rechne mir's nicht zu kreide es mir nicht an, vergelte es nicht an mir

künstlich raffiniert

von … zu entwickeln sich herauszuwickeln

einer alten Rache tief Gefühl → Seite 89

wenn Entschuldigung / Des Mordes wäre wenn sich ein Mord entschuldigen ließe

Pylades. Mit schwerer Tat, die, wenn Entschuldigung
Des Mordes wäre, sie entschuldigte.
Nach Aulis lockt' er sie und brachte dort,
Als eine Gottheit sich der Griechen Fahrt
Mit ungestümen Winden widersetzte,
Die ältste Tochter, Iphigenien,
Vor den Altar Dianens, und sie fiel
Ein blutig Opfer für der Griechen Heil.
Dies, sagt man, hat ihr einen Widerwillen
So tief ins Herz geprägt, dass sie dem Werben
Ägisthens sich ergab und den Gemahl
Mit Netzen des Verderbens selbst umschlang.

sich ergab nachgab

Iphigenie *sich verhüllend.*
Es ist genug. Du wirst mich wiedersehn.

Pylades *allein.* Von dem Geschick des Königshauses scheint
Sie tief gerührt. Wer sie auch immer sei,
So hat sie selbst den König wohl gekannt
Und ist, zu unserm Glück, aus hohem Hause
Hierher verkauft. Nur stille, liebes Herz,
Und lass dem Stern der Hoffnung, der uns blinkt,
Mit frohem Mut uns klug entgegensteuern.

Dritter Aufzug.

Erster Auftritt.

Iphigenie. Orest.

Iphigenie. Unglücklicher, ich löse deine Bande
Zum Zeichen eines schmerzlichern Geschicks.
Die Freiheit, die das Heiligtum gewährt,
Ist wie der letzte, lichte Lebensblick
Des schwer Erkrankten, Todesbote. Noch
Kann ich es mir und darf es mir nicht sagen,
Dass ihr verloren seid! Wie könnt ich euch
Mit mörderischer Hand dem Tode weihen?
Und niemand, wer es sei, darf euer Haupt,
Solang ich Priesterin Dianens bin,
Berühren. Doch verweigr' ich jene Pflicht,
Wie sie der aufgebrachte König fordert;
So wählt er eine meiner Jungfraun mir
Zur Folgerin, und ich vermag alsdann
Mit heißem Wunsch allein euch beizustehn.
O werter Landsmann! Selbst der letzte Knecht,
Der an den Herd der Vatergötter streifte,
Ist uns in fremdem Lande hoch willkommen;
Wie soll ich euch genug mit Freud und Segen
Empfangen, die ihr mir das Bild der Helden,
Die ich von Eltern her verehren lernte,
Entgegenbringet und das innre Herz
Mit neuer schöner Hoffnung schmeichelnd labet!
Orest. Verbirgst du deinen Namen, deine Herkunft
Mit klugem Vorsatz? oder darf ich wissen,
Wer mir, gleich einer Himmlischen, begegnet?
Iphigenie. Du sollst mich kennen. Jetzo sag mir an,

meiner Jungfraun der Iphigenie unterstellten jungfräulichen Priesterinnen bzw. Helferinnen im Heiligtum der Diana

Folgerin Nachfolgerin

Der an den Herd der Vatergötter streifte → Seite 89

labet füllt, erfüllt, nährt

Jetzo Jetzt

Was ich nur halb von deinem Bruder hörte,
Das Ende derer, die von Troja kehrend,
Ein hartes unerwartetes Geschick
Auf ihrer Wohnung Schwelle stumm empfing.
Zwar ward ich jung an diesen Strand geführt;
Doch wohl erinnr' ich mich des scheuen Blicks,
Den ich mit Staunen und mit Bangigkeit
Auf jene Helden warf. Sie zogen aus,
Als hätte der Olymp sich aufgetan
Und die Gestalten der erlauchten Vorwelt
Zum Schrecken Ilions herabgesendet,
Und Agamemnon war vor allen herrlich!
O sage mir! Er fiel, sein Haus betretend,
Durch seiner Frauen und Ägisthus' Tücke?

Orest. Du sagst's!

Iphigenie. Weh dir, unseliges Mycen!
So haben Tantals Enkel Fluch auf Fluch
Mit vollen wilden Händen ausgesät!
Und gleich dem Unkraut, wüste Häupter schüttelnd
Und tausendfält'gen Samen um sich streuend,
Den Kindeskindern nahverwandte Mörder
Zur ew'gen Wechselwut erzeugt! – Enthülle,
Was von der Rede deines Bruders schnell
Die Finsternis des Schreckens mir verdeckte.
Wie ist des großen Stammes letzter Sohn,
Das holde Kind, bestimmt des Vaters Rächer
Dereinst zu sein, wie ist Orest dem Tage
Des Bluts entgangen? Hat ein gleich Geschick
Mit des Avernus Netzen ihn umschlungen?
Ist er gerettet? Lebt er? Lebt Elektra?

Orest. Sie leben.

Iphigenie. Goldne Sonne, leihe mir
Die schönsten Strahlen, lege sie zum Dank

kehrend heimkehrend

Ilions griech. für Trojas

war vor allen herrlich überragte alle an Erscheinung, Autorität und Tapferkeit

seiner Frauen … Tücke die Hinterlist seiner Frau

unseliges verfluchtes, unglückliches

Tantals Enkel Thyestes und Atreus

gleich dem wie das

Kindeskindern Gemeint sind nicht die Enkel, sondern »Nachkommen« im pauschalen Sinne.

Avernus → Seite 89

Vor Jovis Thron! denn ich bin arm und stumm.
Orest. Bist du gastfreundlich diesem Königshause,
Bist du mit nähern Banden ihm verbunden,
Wie deine schöne Freude mir verrät:
So bändige dein Herz und halt es fest!
Denn unerträglich muss dem Fröhlichen
Ein jäher Rückfall in die Schmerzen sein.
Du weißt nur, merk ich, Agamemnons Tod.
Iphigenie. Hab ich an dieser Nachricht nicht genug?
Orest. Du hast des Gräuels Hälfte nur erfahren.
Iphigenie. Was fürcht ich noch? Orest, Elektra leben.
Orest. Und fürchtest du für Klytaimnestren nichts?
Iphigenie. Sie rettet weder Hoffnung, weder Furcht.
Orest. Auch schied sie aus dem Land der Hoffnung ab.
Iphigenie. Vergoss sie reuig wütend selbst ihr Blut?
Orest. Nein, doch ihr eigen Blut gab ihr den Tod.
Iphigenie. Sprich deutlicher, dass ich nicht länger sinne.
Die Ungewissheit schlägt mir tausendfältig
Die dunkeln Schwingen um das bange Haupt.
Orest. So haben mich die Götter ausersehn
Zum Boten einer Tat, die ich so gern
Ins klanglos-dumpfe Höhlenreich der Nacht
Verbergen möchte? Wider meinen Willen
Zwingt mich dein holder Mund; allein er darf
Auch etwas Schmerzlichs fodern und erhält's.
Am Tage, da der Vater fiel, verbarg
Elektra rettend ihren Bruder: Strophius,
Des Vaters Schwäher, nahm ihn willig auf,
Erzog ihn neben seinem eignen Sohne,
Der, Pylades genannt, die schönsten Bande
Der Freundschaft um den Angekommnen knüpfte.
Und wie sie wuchsen, wuchs in ihrer Seele
Die brennende Begier des Königs Tod

weder … weder weder … noch

bange ängstliche

Schwäher Schwager

Unversehen Unerwartet

ahndungsvollen ahnungsvollen, die Vorstellungskraft aufrührenden

die nun der Geschwister / von einer stiefgewordnen Mutter warteten mit denen nun die Geschwister vonseiten einer Mutter rechnen mussten, die sie verraten und sich einem anderen Mann zugewandt hatte

Zu rächen. Unversehen, fremd gekleidet,
Erreichen sie Mycen, als brächten sie
Die Trauernachricht von Orestens Tode
Mit seiner Asche. Wohl empfänget sie
Die Königin, sie treten in das Haus.
Elektren gibt Orest sich zu erkennen;
Sie bläst der Rache Feuer in ihm auf,
Das vor der Mutter heil'ger Gegenwart
In sich zurückgebrannt war. Stille führt
Sie ihn zum Orte, wo sein Vater fiel,
Wo eine alte leichte Spur des frech
Vergossnen Blutes oft gewaschnen Boden
Mit blassen ahndungsvollen Streifen färbte.
Mit ihrer Feuerzunge schilderte
Sie jeden Umstand der verruchten Tat,
Ihr knechtisch elend durchgebrachtes Leben,
Den Übermut der glücklichen Verräter,
Und die Gefahren, die nun der Geschwister
Von einer stiefgewordnen Mutter warteten;
Hier drang sie jenen alten Dolch ihm auf,
Der schon in Tantals Hause grimmig wütete,
Und Klytaimnestra fiel durch Sohneshand.

Iphigenie. Unsterbliche, die ihr den reinen Tag
Auf immer neuen Wolken selig lebet,
Habt ihr nur darum mich so manches Jahr
Von Menschen abgesondert, mich so nah
Bei euch gehalten, mir die kindliche
Beschäftigung, des heil'gen Feuers Glut
Zu nähren, aufgetragen, meine Seele
Der Flamme gleich in ew'ger frommer Klarheit
Zu euern Wohnungen hinaufgezogen,
Dass ich nur meines Hauses Gräuel später
Und tiefer fühlen sollte? – Sage mir

Vom Unglücksel'gen! Sprich mir von Orest! –
Orest. O könnte man von seinem Tode sprechen!
Wie gärend stieg aus der Erschlagnen Blut
Der Mutter Geist
Und ruft der Nacht uralten Töchtern zu:
»Lasst nicht den Muttermörder entfliehn!
Verfolgt den Verbrecher! Euch ist er geweiht!«
Sie horchen auf, es schaut ihr hohler Blick
Mit der Begier des Adlers um sich her.
Sie rühren sich in ihren schwarzen Höhlen,
Und aus den Winkeln schleichen ihre Gefährten,
Der Zweifel und die Reue, leis herbei.
Vor ihnen steigt ein Dampf vom Acheron;
In seinen Wolkenkreisen wälzet sich
Die ewige Betrachtung des Geschehnen
Verwirrend um des Schuld'gen Haupt umher.
Und sie, berechtigt zum Verderben, treten
Der gottbesäten Erde schönen Boden,
Von dem ein alter Fluch sie längst verbannte.
Den Flüchtigen verfolgt ihr schneller Fuß;
Sie geben nur um neu zu schrecken Rast.
Iphigenie. Unseliger, du bist in gleichem Fall,
Und fühlst was er, der arme Flüchtling, leidet!
Orest. Was sagst du mir? Was wähnst du gleichen Fall?
Iphigenie. Dich drückt ein Brudermord wie jenen; mir
Vertraute dies dein jüngster Bruder schon.
Orest. Ich kann nicht leiden, dass du große Seele
Mit einem falschen Wort betrogen werdest.
Ein lügenhaft Gewebe knüpf' ein Fremder
Dem Fremden, sinnreich und der List gewohnt,
Zur Falle vor die Füße; zwischen uns
Sei Wahrheit!
Ich bin Orest! Und dieses schuld'ge Haupt

Wie gärend Wie infolge eines (unheimlichen) Umwandlungsprozesses

Der Mutter Geist → Seite 89

der Nacht uralten Töchtern den Erinnyen

Euch ist er geweiht! Euch sei er als Opfer preisgegeben!

Acheron → Seite 89

treten betreten

gottbesäten von Gott bestellten, in Vollkommenheit geschaffenen

Von dem ein alter Fluch sie längst verbannte → Seite 89

wähnst du gleichen erscheint dir als der gleiche

Vertraute Vertraute … an

Senkt nach der Grube sich und sucht den Tod:
In jeglicher Gestalt sei er willkommen!
Wer du auch seist, so wünsch ich Rettung dir
Und meinem Freunde; mir wünsch ich sie nicht.
Du scheinst hier wider Willen zu verweilen;
Erfindet Rat zur Flucht und lasst mich hier.
Es stürze mein entseelter Leib vom Fels,
Es rauche bis zum Meer hinab mein Blut,
Und bringe Fluch dem Ufer der Barbaren!
Geht ihr, daheim im schönen Griechenland
Ein neues Leben freundlich anzufangen.
Er entfernt sich.

Erfindet Rat zur Flucht Heckt einen Fluchtplan aus

Iphigenie. So steigst du denn, Erfüllung, schönste Tochter
Des größten Vaters, endlich zu mir nieder!
Wie ungeheuer steht dein Bild vor mir!
Kaum reicht mein Blick dir an die Hände, die
Mit Frucht und Segenskränzen angefüllt
Die Schätze des Olympus niederbringen.
Wie man den König an dem Übermaß
Der Gaben kennt: denn ihm muss wenig scheinen
Was Tausenden schon Reichtum ist; so kennt
Man euch, ihr Götter, an gesparten, lang
Und weise zubereiteten Geschenken.
Denn ihr allein wisst was uns frommen kann,
Und schaut der Zukunft ausgedehntes Reich,
Wenn jedes Abends Stern und Nebelhülle
Die Aussicht uns verdeckt. Gelassen hört
Ihr unser Flehn, das um Beschleunigung
Euch kindisch bittet; aber eure Hand
Bricht unreif nie die goldnen Himmelsfrüchte;
Und wehe dem, der ungeduldig sie
Ertrotzend, saure Speise sich zum Tod

kennt erkennt

frommen nützen, als angemessen zukommen

schaut der Zukunft ausgedehntes Reich seid fähig, in die unübersehbare Zukunft zu blicken

Genießt. O lasst das lang erwartete,
Noch kaum gedachte Glück nicht, wie den Schatten
Des abgeschiednen Freundes, eitel mir
Und dreifach schmerzlicher vorübergehn!

Orest, *der wieder zu ihr tritt.*
Rufst du die Götter an für dich und Pylades,
So nenne meinen Namen nicht mit euerm.
Du rettest den Verbrecher nicht zu dem
Du dich gesellst, und teilest Fluch und Not.
Iphigenie. Mein Schicksal ist an deines fest gebunden.
Orest. Mitnichten! Lass allein und unbegleitet
Mich zu den Toten gehn. Verhülltest du
In deinen Schleier selbst den Schuldigen;
Du birgst ihn nicht vorm Blick der immer Wachen,
Und deine Gegenwart, du Himmlische,
Drängt sie nur seitwärts und verscheucht sie nicht.
Sie dürfen mit den eh'rnen frechen Füßen
Des heil'gen Waldes Boden nicht betreten;
Doch hör ich aus der Ferne hier und da
Ihr grässliches Gelächter. Wölfe harren
So um den Baum, auf den ein Reisender
Sich rettete. Da draußen ruhen sie
Gelagert; und verlass ich diesen Hain,
Dann steigen sie, die Schlangenhäupter schüttelnd,
Von allen Seiten Staub erregend auf
Und treiben ihre Beute vor sich her.
Iphigenie. Kannst du, Orest, ein freundlich Wort vernehmen?
Orest. Spar es für einen Freund der Götter auf.
Iphigenie. Sie geben dir zu neuer Hoffnung Licht.
Orest. Durch Rauch und Qualm seh ich den matten Schein
Des Totenflusses mir zur Hölle leuchten.
Iphigenie. Hast du Elektren, Eine Schwester nur?

saure Speise sich zum Tod / Genießt seines Diebesguts (des von ihm ungeduldig Ertrotzten) nicht froh wird, weil sein Genuss ihm den Tod bringt

den Schatten die Seele

abgeschiednen verstorbnen

eitel nutzlos, wertlos

Verhülltest du / In deinen Schleier selbst den Schuldigen; Du birgst ihn nicht vorm Blick der immer Wachen Selbst wenn du mich in deinen Schleier einhüllen würdest, entzögest du mich nicht dem Blick und der Verfolgung der Erinnyen.

erregend aufwirbelnd

Orest. Die Eine kannt ich; doch die ältste nahm
Ihr gut Geschick, das uns so schrecklich schien,
Beizeiten aus dem Elend unsers Hauses.
O lass dein Fragen, und geselle dich
Nicht auch zu den Erinnyen; sie blasen
Mir schadenfroh die Asche von der Seele,
Und leiden nicht, dass sich die letzten Kohlen
Von unsers Hauses Schreckensbrande still
In mir verglimmen. Soll die Glut denn ewig,
Vorsätzlich angefacht, mit Höllenschwefel
Genährt, mir auf der Seele marternd brennen?
Iphigenie. Ich bringe süßes Rauchwerk in die Flamme.
O lass den reinen Hauch der Liebe dir
Die Glut des Busens leise wehend kühlen.
Orest, mein Teurer, kannst du nicht vernehmen?
Hat das Geleit der Schreckensgötter so
Das Blut in deinen Adern aufgetrocknet?
Schleicht, wie vom Haupt der grässlichen Gorgone,
Versteinernd dir ein Zauber durch die Glieder?
O wenn vergossnen Mutterblutes Stimme
Zur Höll hinab mit dumpfen Tönen ruft:
Soll nicht der reinen Schwester Segenswort
Hülfreiche Götter vom Olympus rufen?
Orest. Es ruft! es ruft! So willst du mein Verderben?
Verbirgt in dir sich eine Rachegöttin?
Wer bist du, deren Stimme mir entsetzlich
Das Innerste in seinen Tiefen wendet?
Iphigenie. Es zeigt sich dir im tiefsten Herzen an:
Orest, ich bin's! sieh Iphigenien!
Ich lebe!
Orest. Du!
Iphigenie. Mein Bruder!
Orest. Lass! Hinweg!

gut Geschick gnädiges Schicksal

leiden dulden

Höllenschwefel → Seite 89

süßes Rauchwerk Ausgangsmaterial für den wohlduftenden Opferrauch

Die Glut des Busens Das aufgewühlte Herz, die fiebernde Brust

Gorgone → Seite 90

Ich rate dir, berühre nicht die Locken!
Wie von Kreusas Brautkleid zündet sich
Ein unauslöschlich Feuer von mir fort.
Lass mich! Wie Herkules will ich Unwürd'ger
Den Tod voll Schmach, in mich verschlossen, sterben.
Iphigenie. Du wirst nicht untergehn! O dass ich nur
Ein ruhig Wort von dir vernehmen könnte!
O löse meine Zweifel, lass des Glückes,
Des lang erflehten, mich auch sicher werden.
Es wälzet sich ein Rad von Freud und Schmerz
Durch meine Seele. Von dem fremden Manne
Entfernet mich ein Schauer; doch es reißt
Mein Innerstes gewaltig mich zum Bruder.
Orest. Ist hier Lyäens Tempel? und ergreift
Unbändig-heil'ge Wut die Priesterin?
Iphigenie. O höre mich! O sieh mich an, wie mir
Nach einer langen Zeit das Herz sich öffnet,
Der Seligkeit, dem Liebsten, was die Welt
Noch für mich tragen kann, das Haupt zu küssen,
Mit meinen Armen, die den leeren Winden
Nur ausgebreitet waren, dich zu fassen.
O lass mich! Lass mich! Denn es quillet heller
Nicht vom Parnass die ew'ge Quelle sprudelnd
Von Fels zu Fels ins goldne Tal hinab,
Wie Freude mir vom Herzen wallend fließt,
Und wie ein selig Meer mich rings umfängt.
Orest! Orest! Mein Bruder!
Orest. Schöne Nymphe,
Ich traue dir und deinem Schmeicheln nicht.
Diana fordert strenge Dienerinnen
Und rächet das entweihte Heiligtum.
Entferne deinen Arm von meiner Brust!
Und wenn du einen Jüngling rettend lieben,

Kreusas Brautkleid → Seite 90

Wie Herkules … sterben → Seite 90

Lyäens Tempel → Seite 90

Wut ekstatische (religiöse) Verzückung

die den leeren Winden / Nur ausgebreitet waren die bisher nur den flüchtigen Wind umarmen konnten

vom Parnass die ew'ge Quelle sprudelnd → Seite 90

wallend brausend, schäumend

Nymphe → Seite 90

deinem Schmeicheln deinen verführerischen Worten und Zärtlichkeiten

Das schöne Glück ihm zärtlich bieten willst;
So wende meinem Freunde dein Gemüt,
Dem würd'gern Manne zu. Er irrt umher
Auf jenem Felsenpfade; such ihn auf,
Weis ihn zurecht und schone meiner.

Weis ihn zurecht Zeige ihm den rechten Weg

Iphigenie. Fasse
Dich, Bruder, und erkenne die Gefundne!
Schilt einer Schwester reine Himmelsfreude
Nicht unbesonnene, strafbare Lust.
O nehmt den Wahn ihm von dem starren Auge,
Dass uns der Augenblick der höchsten Freude
Nicht dreifach elend mache! Sie ist hier,
Die längst verlorne Schwester. Vom Altar
Riss mich die Göttin weg und rettete
Hierher mich in ihr eigen Heiligtum.
Gefangen bist du, dargestellt zum Opfer,
Und findest in der Priesterin die Schwester.

meiner mich

Schilt … nicht Schelte … nicht

dargestellt zum bestimmt zum, vorgesehen als

Orest. Unselige! So mag die Sonne denn
Die letzten Gräuel unsers Hauses sehn!
Ist nicht Elektra hier? damit auch sie
Mit uns zu Grunde gehe, nicht ihr Leben
Zu schwererem Geschick und Leiden friste?
Gut, Priesterin! ich folge zum Altar:
Der Brudermord ist hergebrachte Sitte
Des alten Stammes; und ich danke, Götter,
Dass ihr mich ohne Kinder auszurotten
Beschlossen habt. Und lass dir raten, habe
Die Sonne nicht zu lieb und nicht die Sterne:
Komm, folge mir ins dunkle Reich hinab!
Wie sich vom Schwefelpfuhl erzeugte Drachen
Bekämpfend die verwandte Brut verschlingen,
Zerstört sich selbst das wütende Geschlecht;
Komm kinderlos und schuldlos mit hinab!

Brudermord → Seite 90

Schwefelpfuhl → Seite 90

das wütende Geschlecht die gegen sich selbst wütende Familie

Du siehst mich mit Erbarmen an? Lass ab!
Mit solchen Blicken suchte Klytaimnestra
Sich einen Weg nach ihres Sohnes Herzen;
Doch sein geschwungner Arm traf ihre Brust.
Die Mutter fiel! – Tritt auf, unwill'ger Geist!
Im Kreis geschlossen tretet an, ihr Furien,
Und wohnet dem willkommnen Schauspiel bei,
Dem letzten, grässlichsten, das ihr bereitet!
Nicht Hass und Rache schärfen ihren Dolch;
Die liebevolle Schwester wird zur Tat
Gezwungen. Weine nicht! Du hast nicht Schuld.
Seit meinen ersten Jahren hab ich nichts
Geliebt, wie ich dich lieben könnte, Schwester.
Ja, schwinge deinen Stahl, verschone nicht,
Zerreiße diesen Busen, und eröffne
Den Strömen die hier sieden einen Weg.
Er sinkt in Ermattung.

Iphigenie. Allein zu tragen dieses Glück und Elend
Vermag ich nicht. – Wo bist du, Pylades?
Wo find ich deine Hülfe, teurer Mann?
Sie entfernt sich suchend.

unwill'ger Geist der widerstrebende Geist der Mutter (der die Begegnung mit dem Mörder scheut)

deinen Stahl dein Opfermesser

sinkt sinkt … nieder

tragen ertragen

Zweiter Auftritt.

Orest *aus seiner Betäubung erwachend und sich aufrichtend.*
Noch einen! reiche mir aus Lethes Fluten
Den letzten kühlen Becher der Erquickung!
Bald ist der Krampf des Lebens aus dem Busen
Hinweggespült; bald fließet still mein Geist,
Der Quelle des Vergessens hingegeben,
Zu euch, ihr Schatten, in die ew'gen Nebel.
Gefällig lasst in eurer Ruhe sich

Gefällig Entgegenkommend

umgetriebnen von einem harten Schicksal umhergetriebenen

laben erholen

Gelispel sanftes, flüsterndes Geräusch

Den umgetriebnen Sohn der Erde laben! –
Welch ein Gelispel hör ich in den Zweigen,
Welch ein Geräusch aus jener Dämmrung säuseln?
Sie kommen schon den neuen Gast zu sehn!
Wer ist die Schar, die herrlich miteinander
Wie ein versammelt Fürstenhaus sich freut?
Sie gehen friedlich, Alt' und Junge, Männer
Mit Weibern; göttergleich und ähnlich scheinen
Die wandelnden Gestalten. Ja, sie sind's,
Die Ahnherrn meines Hauses! – Mit Thyesten
Geht Atreus in vertraulichen Gesprächen,
Die Knaben schlüpfen scherzend um sie her.
Ist keine Feindschaft hier mehr unter euch?
Verlosch die Rache wie das Licht der Sonne?
So bin auch ich willkommen, und ich darf
In euern feierlichen Zug mich mischen.
Willkommen, Väter! euch grüßt Orest,
Von euerm Stamm der letzte Mann;
Was ihr gesät, hat er geerntet:
Mit Fluch beladen stieg er herab.
Doch leichter träget sich hier jede Bürde:
Nehmt ihn, o nehmt ihn in euern Kreis! –
Dich, Atreus, ehr ich, auch dich Thyesten;

sind … der Feindschaft los sind … keine Feinde mehr

Wir sind hier alle der Feindschaft los. –
Zeigt mir den Vater, den ich nur Einmal
Im Leben sah! – Bist du's, mein Vater?
Und führst die Mutter vertraut mit dir?
Darf Klytaimnestra die Hand dir reichen;
So darf Orest auch zu ihr treten
Und darf ihr sagen: sieh deinen Sohn! –

gewisse Losung die unweigerliche Empfangsformel

Seht euern Sohn! Heißt ihn willkommen.
Auf Erden war in unserm Hause
Der Gruß des Mordes gewisse Losung,

Und das Geschlecht des alten Tantalus
Hat seine Freuden jenseits der Nacht.
Ihr ruft, Willkommen! und nehmt mich auf!
O führt zum Alten, zum Ahnherrn mich!
Wo ist der Alte? dass ich ihn sehe,
Das teure Haupt, das vielverehrte,
Das mit den Göttern zu Rate saß.
Ihr scheint zu zaudern, euch wegzuwenden?
Was ist es? Leidet der Göttergleiche?
Weh mir! es haben die Übermächt'gen
Der Heldenbrust grausame Qualen
Mit eh'rnen Ketten fest aufgeschmiedet.

Hat seine Freuden jenseits der Nacht Lernt (endlich) auch (wieder) die Sonnenseite des Lebens genießen

grausame Qualen → Seite 90

Dritter Auftritt.

Orest. Iphigenie. Pylades.

Orest. Seid ihr auch schon herabgekommen?
Wohl Schwester dir! Noch fehlt Elektra:
Ein güt'ger Gott send' uns die Eine
Mit sanften Pfeilen auch schnell herab.
Dich, armer Freund, muss ich bedauern!
Komm mit! Komm mit! zu Plutos Thron,
Als neue Gäste den Wirt zu grüßen.

Iphigenie. Geschwister, die ihr an dem weiten Himmel
Das schöne Licht bei Tag und Nacht herauf
Den Menschen bringet, und den Abgeschiednen
Nicht leuchten dürfet, rettet uns Geschwister!
Du liebst, Diane, deinen holden Bruder
Vor allem, was dir Erd' und Himmel bietet,
Und wendest dein jungfräulich Angesicht
Nach seinem ew'gen Lichte sehnend still.

Mit sanften Pfeilen → Seite 92

Plutos → Seite 92

grüßen begrüßen

Geschwister → Seite 92

Vor allem Mehr als alles

O lass den Einz'gen Spätgefundnen mir
Nicht in der Finsternis des Wahnsinns rasen!
Und ist dein Wille, da du hier mich bargst,
Nunmehr vollendet, willst du mir durch ihn
Und ihm durch mich die sel'ge Hülfe geben;
So lös ihn von den Banden jenes Fluchs,
Dass nicht die teure Zeit der Rettung schwinde.

hier mich bargst hierhin mich brachtest, wo ich sicher und geschützt war

die teure Zeit der Rettung die unwiederbringliche Gelegenheit zur Rettung

Pylades. Erkennst du uns und diesen heil'gen Hain
Und dieses Licht, das nicht den Toten leuchtet?
Fühlst du den Arm des Freundes und der Schwester,
Die dich noch fest, noch lebend halten? Fass
Uns kräftig an; wir sind nicht leere Schatten.
Merk auf mein Wort! Vernimm es! Raffe dich
Zusammen! Jeder Augenblick ist teuer,
Und unsre Rückkehr hängt an zarten Fäden,
Die, scheint es, eine günst'ge Parze spinnt.

Merk auf mein Wort! Hör genau, was ich dir sage!

Raffe / Dich zusammen! Ermanne Dich!

günst'ge Parze → Seite 92

Orest *zu Iphigenien.*
Lass mich zum ersten Mal mit freiem Herzen
In deinen Armen reine Freude haben!
Ihr Götter, die mit flammender Gewalt
Ihr schwere Wolken aufzuzehren wandelt,
Und gnädig-ernst den lang erflehten Regen
Mit Donnerstimmen und mit Windesbrausen
In wilden Strömen auf die Erde schüttet;
Doch bald der Menschen grausendes Erwarten
In Segen auflöst und das bange Staunen
In Freudeblick und lauten Dank verwandelt,
Wenn in den Tropfen frischerquickter Blätter
Die neue Sonne tausendfach sich spiegelt,
Und Iris freundlich bunt mit leichter Hand
Den grauen Flor der letzten Wolken trennt;
O lasst mich auch in meiner Schwester Armen,
An meines Freundes Brust, was ihr mir gönnt,

Ihr Götter, die mit flammender Gewalt / Ihr schwere Wolken aufzuzehren wandelt → Seite 92

bald nach kurzer Frist

bange ängstliche

Iris → Seite 92

Flor → Seite 92

Mit vollem Dank genießen und behalten.
Es löset sich der Fluch, mir sagt's das Herz.
Die Eumeniden ziehn, ich höre sie,
Zum Tartarus und schlagen hinter sich
Die eh'rnen Tore fernabdonnernd zu.
Die Erde dampft erquickenden Geruch
Und ladet mich auf ihren Flächen ein,
Nach Lebensfreud und großer Tat zu jagen.
Pylades. Versäumt die Zeit nicht, die gemessen ist!
Der Wind der unsre Segel schwellt, er bringe
Erst unsre volle Freude zum Olymp.
Kommt! Es bedarf hier schnellen Rat und Schluss.

Eumeniden → Seite 92

dampft dünstet … aus

ladet lädt

gemessen ist begrenzt ist

Schluss Entschluss

Vierter Aufzug.

Erster Auftritt.

Iphigenie. Denken die Himmlischen
Einem der Erdgebornen
Viele Verwirrungen zu,
Und bereiten sie ihm
Von der Freude zu Schmerzen
Und von Schmerzen zur Freude
Tief-erschütternden Übergang;
Dann erziehen sie ihm
In der Nähe der Stadt,
Oder am fernen Gestade,
Dass in Stunden der Not
Auch die Hülfe bereit sei,
Einen ruhigen Freund.
O segnet, Götter, unsern Pylades
Und was er immer unternehmen mag!
Er ist der Arm des Jünglings in der Schlacht,
Des Greises leuchtend Aug in der Versammlung:
Denn seine Seel ist stille; sie bewahrt
Der Ruhe heil'ges unerschöpftes Gut,
Und den Umhergetriebnen reichet er
Aus ihren Tiefen Rat und Hülfe. Mich
Riss er vom Bruder los; den staunt' ich an
Und immer wieder an, und konnte mir
Das Glück nicht eigen machen, ließ ihn nicht
Aus meinen Armen los, und fühlte nicht
Die Nähe der Gefahr die uns umgibt.
Jetzt gehn sie ihren Anschlag auszuführen
Der See zu, wo das Schiff mit den Gefährten
In einer Bucht versteckt aufs Zeichen lauert,

Stadt Vaterstadt

Gestade Ufer

Dass Damit

eigen machen aneignen

Anschlag Plan

Und haben kluges Wort mir in den Mund
Gegeben, mich gelehrt was ich dem König
Antworte, wenn er sendet und das Opfer
Mir dringender gebietet. Ach! ich sehe wohl,
Ich muss mich leiten lassen wie ein Kind.
Ich habe nicht gelernt zu hinterhalten,
Noch jemand etwas abzulisten. Weh!
O weh der Lüge! Sie befreiet nicht,
Wie jedes andre wahrgesprochne Wort,
Die Brust; sie macht uns nicht getrost, sie ängstet
Den der sie heimlich schmiedet, und sie kehrt,
Ein losgedruckter Pfeil, von einem Gotte
Gewendet und versagend, sich zurück
Und trifft den Schützen. Sorg auf Sorge schwankt
Mir durch die Brust. Es greift die Furie
Vielleicht den Bruder auf dem Boden wieder
Des ungeweihten Ufers grimmig an?
Entdeckt man sie vielleicht? Mich dünkt, ich höre
Gewaffnete sich nahen! – Hier! – Der Bote
Kommt von dem Könige mit schnellem Schritt.
Es schlägt mein Herz, es trübt sich meine Seele,
Da ich des Mannes Angesicht erblicke,
Dem ich mit falschem Wort begegnen soll.

sendet mir einen Abgesandten schickt

hinterhalten betrügen

losgedruckter abgeschossener

Gewendet und versagend Vom Ziel abgelenkt und dieses verfehlend

Zweiter Auftritt.

Iphigenie. Arkas.

Arkas. Beschleunige das Opfer, Priesterin!
Der König wartet und es harrt das Volk.
Iphigenie. Ich folgte meiner Pflicht und deinem Wink,
Wenn unvermutet nicht ein Hindernis

folgte wäre … gefolgt

stellte gestellt hätte

Sich zwischen mich und die Erfüllung stellte.
Arkas. Was ist's, das den Befehl des Königs hindert?

dessen wir nicht Meister sind den wir nicht zu beherrschen vermögen

Iphigenie. Der Zufall, dessen wir nicht Meister sind.
Arkas. So sage mir's, dass ich's ihm schnell vermelde:
Denn er beschloss bei sich der beiden Tod.
Iphigenie. Die Götter haben ihn noch nicht beschlossen.
Der ältste dieser Männer trägt die Schuld
Des nahverwandten Bluts, das er vergoss.
Die Furien verfolgen seinen Pfad,
Ja in dem innern Tempel fasste selbst
Das Übel ihn, und seine Gegenwart
Entheiligte die reine Stätte. Nun
Eil ich mit meinen Jungfraun, an dem Meere

netzend benetzend, befeuchtend

Der Göttin Bild mit frischer Welle netzend
Geheimnisvolle Weihe zu begehn.
Es störe niemand unsern stillen Zug!
Arkas. Ich melde dieses neue Hindernis
Dem Könige geschwind; beginne du

eh eher

Das heil'ge Werk nicht eh bis er's erlaubt.
Iphigenie. Dies ist allein der Priest'rin überlassen.

Erdringe nicht Erzwinge nicht, versuche nicht durch beharrliches Dringen durchzusetzen

Arkas. Solch seltnen Fall soll auch der König wissen.
Iphigenie. Sein Rat wie sein Befehl verändert nichts.
Arkas. Oft wird der Mächtige zum Schein gefragt.
Iphigenie. Erdringe nicht, was ich versagen sollte.

säumen Zeit verlieren

Arkas. Versage nicht, was gut und nützlich ist.
Iphigenie. Ich gebe nach, wenn du nicht säumen willst.

Noch änderst du den Sinn zur rechten Zeit. Noch käme es rechtzeitig, wenn du dich jetzt zu einer anderen Haltung durchringen würdest.

Arkas. Schnell bin ich mit der Nachricht in dem Lager,
Und schnell mit seinen Worten hier zurück.
O könnt ich ihm noch Eine Botschaft bringen,
Die alles löste was uns jetzt verwirrt:
Denn du hast nicht des Treuen Rat geachtet.
Iphigenie. Was ich vermochte, hab ich gern getan.
Arkas. Noch änderst du den Sinn zur rechten Zeit.

Iphigenie. Das steht nun einmal nicht in unsrer Macht.
Arkas. Du hältst unmöglich, was dir Mühe kostet.

hältst unmöglich erklärst für unmöglich

Iphigenie.
Dir scheint es möglich, weil der Wunsch dich trügt.
Arkas. Willst du denn alles so gelassen wagen?

so gelassen wagen so gleichmütig aufs Spiel setzen

Iphigenie. Ich hab es in der Götter Hand gelegt.
Arkas. Sie pflegen Menschen menschlich zu erretten.
Iphigenie. Auf ihren Fingerzeig kommt alles an.
Arkas. Ich sage dir, es liegt in deiner Hand.
Des Königs aufgebrachter Sinn allein
Bereitet diesen Fremden bittern Tod.
Das Heer entwöhnte längst vom harten Opfer
Und von dem blut'gen Dienste sein Gemüt.
Ja mancher, den ein widriges Geschick
An fremdes Ufer trug, empfand es selbst,
Wie göttergleich dem armen Irrenden,
Umhergetrieben an der fremden Grenze,
Ein freundlich Menschenangesicht begegnet.
O wende nicht von uns was du vermagst!
Du endest leicht was du begonnen hast:

endest leicht bringst leicht zu einem (guten) Ende

Denn nirgends baut die Milde, die herab
In menschlicher Gestalt vom Himmel kommt,
Ein Reich sich schneller, als wo trüb und wild
Ein neues Volk, voll Leben, Mut und Kraft,
Sich selbst und banger Ahnung überlassen,
Des Menschenlebens schwere Bürden trägt.

banger Ahnung der Sorge um eine ungewisse Zukunft

Iphigenie. Erschüttre meine Seele nicht, die du
Nach deinem Willen nicht bewegen kannst.
Arkas. Solang es Zeit ist, schont man weder Mühe
Noch eines guten Wortes Wiederholung.
Iphigenie.
Du machst dir Müh und mir erregst du Schmerzen;
Vergebens beides: darum lass mich nun.

Arkas. Die Schmerzen sind's, die ich zu Hülfe rufe:
Denn es sind Freunde, Gutes raten sie.
Iphigenie. Sie fassen meine Seele mit Gewalt,
Doch tilgen sie den Widerwillen nicht.
Arkas. Fühlt eine schöne Seele Widerwillen
Für eine Wohltat, die der Edle reicht?
Iphigenie. Ja, wenn der Edle, was sich nicht geziemt,
Statt meines Dankes mich erwerben will.
Arkas. Wer keine Neigung fühlt, dem mangelt es
An einem Worte der Entschuld'gung nie.
Dem Fürsten sag ich an, was hier geschehn.
O wiederholtest du in deiner Seele,
Wie edel er sich gegen dich betrug
Von deiner Ankunft an bis diesen Tag!

Für eine Gegenüber einer

geziemt schickt

wiederholtest du in deiner Seele wolltest du dir nur noch einmal vor Augen führen

gegen dich dir gegenüber

Dritter Auftritt.

Iphigenie *allein.* Von dieses Mannes Rede fühl ich mir
Zur ungelegnen Zeit das Herz im Busen
Auf einmal umgewendet. Ich erschrecke! –
Denn wie die Flut mit schnellen Strömen wachsend
Die Felsen überspült, die in dem Sand
Am Ufer liegen: so bedeckte ganz
Ein Freudenstrom mein Innerstes. Ich hielt
In meinen Armen das Unmögliche.
Es schien sich eine Wolke wieder sanft
Um mich zu legen, von der Erde mich
Emporzuheben und in jenen Schlummer
Mich einzuwiegen, den die gute Göttin
Um meine Schläfe legte, da ihr Arm
Mich rettend fasste. – Meinen Bruder
Ergriff das Herz mit einziger Gewalt:

eine Wolke wieder → Seite 92

da als

mit einziger Gewalt mit beispielloser Macht

Ich horchte nur auf seines Freundes Rat;
Nur sie zu retten drang die Seele vorwärts.
Und wie den Klippen einer wüsten Insel
Der Schiffer gern den Rücken wendet: so
Lag Tauris hinter mir. Nun hat die Stimme
Des treuen Manns mich wieder aufgeweckt,
Dass ich auch Menschen hier verlasse mich
Erinnert. Doppelt wird mir der Betrug
Verhasst. O bleibe ruhig, meine Seele!
Beginnst du nun zu schwanken und zu zweifeln?
Den festen Boden deiner Einsamkeit
Musst du verlassen! Wieder eingeschifft
Ergreifen dich die Wellen schaukelnd, trüb
Und bang verkennest du die Welt und dich.

wüsten öden, (menschen-)leeren

Vierter Auftritt.

Iphigenie. Pylades.

Pylades. Wo ist sie? dass ich ihr mit schnellen Worten
Die frohe Botschaft unsrer Rettung bringe!
Iphigenie. Du siehst mich hier voll Sorgen und Erwartung
Des sichern Trostes, den du mir versprichst.
Pylades. Dein Bruder ist geheilt! Den Felsenboden
Des ungeweihten Ufers und den Sand
Betraten wir mit fröhlichen Gesprächen;
Der Hain blieb hinter uns, wir merkten's nicht.
Und herrlicher und immer herrlicher
Umloderte der Jugend schöne Flamme
Sein lockig Haupt; sein volles Auge glühte
Von Mut und Hoffnung, und sein freies Herz
Ergab sich ganz der Freude, ganz der Lust,

Erwartung / Des sichern Trostes auf verlässlichen Trost hoffend

volles Auge offenes, strahlendes Auge

Dich seine Retterin und mich zu retten.
Iphigenie. Gesegnet seist du, und es möge nie
Von deiner Lippe, die so Gutes sprach,
Der Ton des Leidens und der Klage tönen!
Pylades. Ich bringe mehr als das: denn schön begleitet,
Gleich einem Fürsten pflegt das Glück zu nahn.
Auch die Gefährten haben wir gefunden.
In einer Felsenbucht verbargen sie
Das Schiff und saßen traurig und erwartend.
Sie sahen deinen Bruder, und es regten
Sich alle jauchzend, und sie baten dringend,
Der Abfahrt Stunde zu beschleunigen.
Es sehnet jede Faust sich nach dem Ruder,
Und selbst ein Wind erhob vom Lande lispelnd,
Von allen gleich bemerkt, die holden Schwingen.
Drum lass uns eilen, führe mich zum Tempel,
Lass mich das Heiligtum betreten, lass
Mich unsrer Wünsche Ziel verehrend fassen.
Ich bin allein genug der Göttin Bild
Auf wohlgeübten Schultern wegzutragen;
Wie sehn ich mich nach der erwünschten Last!
Er geht gegen den Tempel unter den letzten Worten, ohne zu bemerken, dass Iphigenie nicht folgt; endlich kehrt er sich um.
Du stehst und zauderst – sage mir – du schweigst!
Du scheinst verworren! Widersetzet sich
Ein neues Unheil unserm Glück? Sag an!
Hast du dem Könige das kluge Wort
Vermelden lassen, das wir abgeredet?
Iphigenie. Ich habe, teurer Mann; doch wirst du schelten.
Ein schweigender Verweis war mir dein Anblick!
Des Königs Bote kam, und wie du es
Mir in den Mund gelegt, so sagt ich's ihm.

erwartend in beklommener Erwartung der nächsten Ereignisse

sehnet sehnte

bin allein genug bin ohne Hilfe in der Lage

gegen den Tempel auf den Tempel zu

verworren verwirrt, verstört

abgeredet verabredet, untereinander besprochen

Er schien zu staunen, und verlangte dringend
Die seltne Feier erst dem Könige
Zu melden, seinen Willen zu vernehmen;
Und nun erwart ich seine Wiederkehr.
Pylades. Weh uns! Erneuert schwebt nun die Gefahr
Um unsre Schläfe! Warum hast du nicht
Ins Priesterrecht dich weislich eingehüllt?
Iphigenie. Als eine Hülle hab ich's nie gebraucht.
Pylades. So wirst du, reine Seele, dich und uns
Zu Grunde richten. Warum dacht ich nicht
Auf diesen Fall voraus, und lehrte dich
Auch dieser Fordrung auszuweichen!
Iphigenie. Schilt
Nur mich, die Schuld ist mein, ich fühl es wohl;
Doch konnt ich anders nicht dem Mann begegnen,
Der mit Vernunft und Ernst von mir verlangte,
Was ihm mein Herz als recht gestehen musste.
Pylades. Gefährlicher zieht sich's zusammen; doch auch so
Lass uns nicht zagen, oder unbesonnen
Und übereilt uns selbst verraten. Ruhig
Erwarte du die Wiederkunft des Boten,
Und dann steh fest, er bringe was er will:
Denn solcher Weihung Feier anzuordnen
Gehört der Priesterin und nicht dem König.
Und fordert er den fremden Mann zu sehn,
Der von dem Wahnsinn schwer belastet ist;
So lehn es ab, als hieltest du uns beide
Im Tempel wohl verwahrt. So schaff uns Luft,
Dass wir aufs Eiligste, den heil'gen Schatz
Dem rauh unwürd'gen Volk entwendend, fliehn.
Die besten Zeichen sendet uns Apoll,
Und, eh wir die Bedingung fromm erfüllen,
Erfüllt er göttlich sein Versprechen schon.

seltne Feier sonst fast nie vorgenommene Zeremonie

weislich mit Bedacht

dem Mann begegnen mich dem Mann gegenüber verhalten

als recht gestehen als rechtmäßige Forderung anerkennen

zagen verzagt sein

steh fest bleibe standhaft

Gehört Ist Sache, liegt in der Entscheidung

wohl verwahrt sicher eingesperrt

schaff uns Luft verschaffe uns die Gelegenheit

Orest ist frei, geheilt! – Mit dem Befreiten
O führet uns hinüber, günst'ge Winde,
Zur Felseninsel die der Gott bewohnt;
Dann nach Mycen, dass es lebendig werde,
Dass von der Asche des verloschnen Herdes
Die Vatergötter fröhlich sich erheben,
Und schönes Feuer ihre Wohnungen
Umleuchte! Deine Hand soll ihnen Weihrauch
Zuerst aus goldnen Schalen streuen. Du
Bringst über jene Schwelle Heil und Leben wieder,
Entsühnst den Fluch und schmückest neu die Deinen
Mit frischen Lebensblüten herrlich aus.

Felseninsel die der Gott bewohnt → Seite 92

Vatergötter → Seite 92

Iphigenie. Vernehm ich dich, so wendet sich, o Teurer,
Wie sich die Blume nach der Sonne wendet,
Die Seele, von dem Strahle deiner Worte
Getroffen, sich dem süßen Troste nach.
Wie köstlich ist des gegenwärt'gen Freundes
Gewisse Rede, deren Himmelskraft
Ein Einsamer entbehrt und still versinkt.
Denn langsam reift, verschlossen in dem Busen,
Gedank ihm und Entschluss; die Gegenwart
Des Liebenden entwickelte sie leicht.

gegenwärt'gen anwesenden

Gewisse Selbstsichere, bestimmte, unbeirrte

Pylades. Leb wohl! Die Freunde will ich nun geschwind
Beruhigen, die sehnlich wartend harren.
Dann komm ich schnell zurück und lausche hier
Im Felsenbusch versteckt auf deinen Wink –
Was sinnest du? Auf einmal überschwebt
Ein stiller Trauerzug die freie Stirne.

lausche … auf deinen Wink horche … auf dein (akustisches) Zeichen, Signal

Iphigenie. Verzeih! Wie leichte Wolken vor der Sonne,
So zieht mir vor der Seele leichte Sorge
Und Bangigkeit vorüber.
Pylades. Fürchte nicht!
Betrüglich schloss die Furcht mit der Gefahr

Füchte nicht! Fürchte dich nicht!

Ein enges Bündnis; beide sind Gesellen.
Iphigenie. Die Sorge nenn ich edel, die mich warnt,
Den König, der mein zweiter Vater ward,
Nicht tückisch zu betrügen, zu berauben.
Pylades. Der deinen Bruder schlachtet, dem entfliehst du.
Iphigenie. Es ist derselbe, der mir Gutes tat.
Pylades. Das ist nicht Undank, was die Not gebeut.
Iphigenie. Es bleibt wohl Undank; nur die Not entschuldigt's.
Pylades. Vor Göttern und vor Menschen dich gewiss.
Iphigenie. Allein mein eigen Herz ist nicht befriedigt.
Pylades. Zu strenge Fordrung ist verborgner Stolz.
Iphigenie. Ich untersuche nicht, ich fühle nur.
Pylades. Fühlst du dich recht, so musst du dich verehren.
Iphigenie. Ganz unbefleckt genießt sich nur das Herz.
Pylades. So hast du dich im Tempel wohl bewahrt;
Das Leben lehrt uns, weniger mit uns
Und andern strenge sein; du lernst es auch.
So wunderbar ist dies Geschlecht gebildet;
So vielfach ist's verschlungen und verknüpft,
Dass keiner in sich selbst, noch mit den andern
Sich rein und unverworren halten kann.
Auch sind wir nicht bestellt uns selbst zu richten;
Zu wandeln und auf seinen Weg zu sehen,
Ist eines Menschen erste, nächste Pflicht:
Denn selten schätzt er recht was er getan,
Und was er tut weiß er fast nie zu schätzen.
Iphigenie. Fast überredst du mich zu deiner Meinung.
Pylades. Braucht's Überredung wo die Wahl versagt ist?
Den Bruder, dich, und einen Freund zu retten,
Ist nur Ein Weg; fragt sich's ob wir ihn gehn?
Iphigenie. O lass mich zaudern! denn du tätest selbst
Ein solches Unrecht keinem Mann gelassen,
Dem du für Wohltat dich verpflichtet hieltest.

Gesellen Gefährten, Genossen

ward wurde

gebeut gebietet, verlangt

die Not entschuldigt's → Seite 92

dich im Tempel wohl bewahrt im Schutzraum des Tempelbezirks deine moralische Reinheit bewahren können

So wunderbar ist dies Geschlecht gebildet; So widersprüchlich ist der Mensch geschaffen;

schätzt schätzt … ein, bewertet

für Wohltat aufgrund der Wohltaten, die er dir erwiesen hat *wartet dein* wartet auf dich

trägt mit sich bringt

Pylades. Wenn wir zu Grunde gehen, wartet dein
Ein härtrer Vorwurf, der Verzweiflung trägt.
Man sieht, du bist nicht an Verlust gewohnt,
Da du dem großen Übel zu entgehen
Ein falsches Wort nicht einmal opfern willst.

Iphigenie. O trüg ich doch ein männlich Herz in mir,
Das, wenn es einen kühnen Vorsatz hegt,
Vor jeder andern Stimme sich verschließt!

Pylades. Du weigerst dich umsonst; die ehrne Hand
Der Not gebietet, und ihr ernster Wink
Ist oberstes Gesetz, dem Götter selbst
Sich unterwerfen müssen. Schweigend herrscht

Des ew'gen Schicksals unberatne Schwester → Seite 93

Des ew'gen Schicksals unberatne Schwester.
Was sie dir auferlegt, das trage; tu
Was sie gebeut. Das andre weißt du. Bald
Komm ich zurück, aus deiner heil'gen Hand
Der Rettung schönes Siegel zu empfangen.

Der Rettung schönes Siegel Das Bildnis der Göttin als greifbare Beglaubigung, als sichere Bestätigung der Rettung

Fünfter Auftritt.

mir mich

verwahrt geborgen

Iphigenie *allein.* Ich muss ihm folgen: denn die Meinigen
Seh ich in dringender Gefahr. Doch ach!
Mein eigen Schicksal macht mir bang und bänger.
O soll ich nicht die stille Hoffnung retten,
Die in der Einsamkeit ich schön genährt?
Soll dieser Fluch denn ewig walten? Soll
Nie dies Geschlecht mit einem neuen Segen
Sich wieder heben? – Nimmt doch alles ab!
Das beste Glück, des Lebens schönste Kraft
Ermattet endlich! Warum nicht der Fluch?
So hofft ich denn vergebens, hier verwahrt,
Von meines Hauses Schicksal abgeschieden,

Dereinst mit reiner Hand und reinem Herzen
Die schwer befleckte Wohnung zu entsühnen.
Kaum wird in meinen Armen mir ein Bruder
Vom grimm'gen Übel wundervoll und schnell
Geheilt; kaum naht ein lang erflehtes Schiff
Mich in den Port der Vaterwelt zu leiten:
So legt die taube Not ein doppelt Laster
Mit ehrner Hand mir auf: das heilige,
Mir anvertraute, viel verehrte Bild
Zu rauben und den Mann zu hintergehn,
Dem ich mein Leben und mein Schicksal danke.
O dass in meinem Busen nicht zuletzt
Ein Widerwillen keime! der Titanen,
Der alten Götter tiefer Hass auf euch,
Olympier, nicht auch die zarte Brust
Mit Geierklauen fasse! Rettet mich,
Und rettet euer Bild in meiner Seele!

Vor meinen Ohren tönt das alte Lied –
Vergessen hatt ich's und vergaß es gern –
Das Lied der Parzen, das sie grausend sangen,
Als Tantalus vom goldnen Stuhle fiel:
Sie litten mit dem edlen Freunde; grimmig
War ihre Brust, und furchtbar ihr Gesang.
In unsrer Jugend sang's die Amme mir
Und den Geschwistern vor, ich merkt es wohl.

Es fürchte die Götter
Das Menschengeschlecht!
Sie halten die Herrschaft
In ewigen Händen,
Und können sie brauchen
Wie's ihnen gefällt.

Wohnung → Seite 93

Port (lat.) Hafen

taube tolle, unsinnige

Geierklauen → Seite 93

Parzen vgl. Seite 92

Amme Kinderfrau

merkt es wohl merkte es mir genau

brauchen gebrauchen, einsetzen

Der fürchte sie doppelt
Den je sie erheben!
Auf Klippen und Wolken
Sind Stühle bereitet
Um goldene Tische.

Klippen Felsen

Erhebet ein Zwist sich:
So stürzen die Gäste
Geschmäht und geschändet
In nächtliche Tiefen,
Und harren vergebens,
Im Finstern gebunden,
Gerechten Gerichtes.

Zwist Streit

Sie aber, sie bleiben
In ewigen Festen
An goldenen Tischen.
Sie schreiten vom Berge
Zu Bergen hinüber:
Aus Schlünden der Tiefe
Dampft ihnen der Atem
Erstickter Titanen,
Gleich Opfergerüchen,
Ein leichtes Gewölke.

Dampft ihnen Dampft zu ihnen … herauf

Es wenden die Herrscher
Ihr segnendes Auge
Von ganzen Geschlechtern,
Und meiden, im Enkel
Die ehmals geliebten,
Still redenden Züge
Des Ahnherrn zu sehn.

Züge Gesichtszüge

So sangen die Parzen;
Es horcht der Verbannte,
In nächtlichen Höhlen
Der Alte die Lieder,
Denkt Kinder und Enkel
Und schüttelt das Haupt.

Denkt Kinder Gedenkt der Kinder, denkt an die Kinder

Fünfter Aufzug.

Erster Auftritt.

Thoas. Arkas.

Arkas. Verwirrt muss ich gestehn dass ich nicht weiß,
Wohin ich meinen Argwohn richten soll.
Sind's die Gefangnen, die auf ihre Flucht
Verstohlen sinnen? Ist's die Priesterin,
Die ihnen hilft? Es mehrt sich das Gerücht:
Das Schiff, das diese beiden hergebracht,
Sei irgend noch in einer Bucht versteckt.
Und jenes Mannes Wahnsinn, diese Weihe,
Der heil'ge Vorwand dieser Zög'rung, rufen
Den Argwohn lauter und die Vorsicht auf.

irgend irgendwo

Zög'rung Verzögerung

Thoas. Es komme schnell die Priesterin herbei!
Dann geht, durchsucht das Ufer scharf und schnell
Vom Vorgebirge bis zum Hain der Göttin.
Verschonet seine heil'gen Tiefen, legt
Bedächt'gen Hinterhalt und greift sie an;
Wo ihr sie findet, fasst sie wie ihr pflegt.

Bedächt'gen Sorgfältig vorbereiteten

wie ihr pflegt wie ihr zu tun pflegt, wie ihr es gewohnt seid

Zweiter Auftritt.

Thoas *allein.* Entsetzlich wechselt mir der Grimm im Busen;
Erst gegen sie, die ich so heilig hielt;
Dann gegen mich, der ich sie zum Verrat
Durch Nachsicht und durch Güte bildete.
Zur Sklaverei gewöhnt der Mensch sich gut
Und lernet leicht gehorchen, wenn man ihn
Der Freiheit ganz beraubt. Ja, wäre sie

Grimm Zorn, Empörung, Wut

die ich so heilig hielt die ich fast als eine Heilige ansah

bildete heranbildete, verleitete

In meiner Ahnherrn rohe Hand gefallen,
Und hätte sie der heil'ge Grimm verschont:
Sie wäre froh gewesen, sich allein
Zu retten, hätte dankbar ihr Geschick
Erkannt und fremdes Blut vor dem Altar
Vergossen, hätte Pflicht genannt
Was Not war. Nun lockt meine Güte
In ihrer Brust verwegnen Wunsch herauf.
Vergebens hofft' ich, sie mir zu verbinden;
Sie sinnt sich nun ein eigen Schicksal aus.
Durch Schmeichelei gewann sie mir das Herz;
Nun widersteh ich der: so sucht sie sich
Den Weg durch List und Trug, und meine Güte
Scheint ihr ein alt verjährtes Eigentum.

ein alt verjährtes Eigentum ein im Laufe der Jahre unwiderruflich erworbener Besitz

Dritter Auftritt.

Iphigenie. Thoas.

Iphigenie. Du foderst mich! was bringt dich zu uns her?
Thoas. Du schiebst das Opfer auf; sag an, warum?
Iphigenie. Ich hab an Arkas alles klar erzählt.
Thoas. Von dir möcht ich es weiter noch vernehmen.
Iphigenie. Die Göttin gibt dir Frist zur Überlegung.
Thoas. Sie scheint dir selbst gelegen, diese Frist.
Iphigenie. Wenn dir das Herz zum grausamen Entschluss
Verhärtet ist: so solltest du nicht kommen!
Ein König, der Unmenschliches verlangt,
Find't Diener g'nug, die gegen Gnad und Lohn
Den halben Fluch der Tat begierig fassen;
Doch seine Gegenwart bleibt unbefleckt.
Er sinnt den Tod in einer schweren Wolke,

foderst mich hast mich zu einem Gespräch einbestellt

seine Gegenwart seine eigene Person, er selbst

sinnt den Tod sinnt auf den Tod, ›brütet Verderben aus‹

Und seine Boten bringen flammendes
Verderben auf des Armen Haupt hinab;
Er aber schwebt durch seine Höhen ruhig,
Ein unerreichter Gott, im Sturme fort.

Thoas. Die heil'ge Lippe tönt ein wildes Lied.

Iphigenie. Nicht Priesterin! nur Agamemnons Tochter.
Der Unbekannten Wort verehrtest du,
Der Fürstin willst du rasch gebieten? Nein!
Von Jugend auf hab ich gelernt gehorchen,
Erst meinen Eltern und dann einer Gottheit,
Und folgsam fühlt ich immer meine Seele
Am schönsten frei; allein dem harten Worte,
Dem rauhen Ausspruch eines Mannes mich
Zu fügen, lernt ich weder dort noch hier.

Thoas. Ein alt Gesetz, nicht ich, gebietet dir.

Iphigenie. Wir fassen ein Gesetz begierig an,
Das unsrer Leidenschaft zur Waffe dient.
Ein andres spricht zu mir, ein älteres,
Mich dir zu widersetzen, das Gebot,
Dem jeder Fremde heilig ist.

Thoas. Es scheinen die Gefangnen dir sehr nah
Am Herzen: denn für Anteil und Bewegung
Vergissest du der Klugheit erstes Wort,
Dass man den Mächtigen nicht reizen soll.

für Anteil vor Anteil

erstes Wort erstes Gebot

Iphigenie. Red oder schweig ich; immer kannst du wissen,
Was mir im Herzen ist und immer bleibt.
Löst die Erinnerung des gleichen Schicksals
Nicht ein verschlossnes Herz zum Mitleid auf?
Wie mehr denn meins! In ihnen seh ich mich.
Ich habe vorm Altare selbst gezittert,
Und feierlich umgab der frühe Tod
Die Kniende; das Messer zuckte schon,
Den lebenvollen Busen zu durchbohren;

Mein Innerstes entsetzte wirbelnd sich,
Mein Auge brach, und – ich fand mich gerettet.
Sind wir, was Götter gnädig uns gewährt,
Unglücklichen nicht zu erstatten schuldig?
Du weißt es, kennst mich, und du willst mich zwingen!

Thoas. Gehorche deinem Dienste, nicht dem Herrn.

Iphigenie. Lass ab! beschönige nicht die Gewalt,
Die sich der Schwachheit eines Weibes freut.
Ich bin so frei geboren als ein Mann.
Stünd Agamemnons Sohn dir gegenüber,
Und du verlangtest was sich nicht gebührt:
So hat auch Er ein Schwert und einen Arm,
Die Rechte seines Busens zu verteid'gen.
Ich habe nichts als Worte, und es ziemt
Dem edlen Mann, der Frauen Wort zu achten.

Thoas. Ich acht es mehr als eines Bruders Schwert.

Iphigenie. Das Los der Waffen wechselt hin und her:
Kein kluger Streiter hält den Feind gering.
Auch ohne Hülfe gegen Trutz und Härte
Hat die Natur den Schwachen nicht gelassen.
Sie gab zur List ihm Freude, lehrt' ihn Künste:
Bald weicht er aus, verspätet und umgeht.
Ja der Gewaltige verdient, dass man sie übt.

Thoas. Die Vorsicht stellt der List sich klug entgegen.

Iphigenie. Und eine reine Seele braucht sie nicht.

Thoas. Sprich unbehutsam nicht dein eigen Urteil.

Iphigenie. O sähest du wie meine Seele kämpft,
Ein bös Geschick, das sie ergreifen will,
Im ersten Anfall mutig abzutreiben!
So steh ich denn hier wehrlos gegen dich?
Die schöne Bitte, den anmut'gen Zweig,
In einer Frauen Hand gewaltiger
Als Schwert und Waffe, stößest du zurück:

so frei geboren als ein Mann ebenso als Freie (nicht als Leibeigene, als Sklavin) zur Welt gekommen wie nur sonst irgendein Mann

Das Los der Waffen Das Waffenglück, der Erfolg im Kampf

hält den Feind gering unterschätzt den Feind

Trutz gewalttätige Herausforderung

gab zur List ihm Freude lehrte ihn, sein Heil in der List zu suchen

Bald weicht er aus, verspätet und umgeht. → Seite 93

der Gewaltige der Gewalttätige, Überlegene

übt ausübt, anwendet

Im ersten Anfall mutig abzutreiben Bei der ersten Versuchung entschlossen abzuwehren

den anmut'gen Zweig → Seite 94

Was bleibt mir nun mein Innres zu verteid'gen?
Ruf ich die Göttin um ein Wunder an?
Ist keine Kraft in meiner Seele Tiefen?

Thoas. Es scheint, der beiden Fremden Schicksal macht
Unmäßig dich besorgt. Wer sind sie? Sprich!
Für die dein Geist gewaltig sich erhebt.

Iphigenie. Sie sind – sie scheinen – für Griechen halt ich sie.

Thoas. Landsleute sind es? und sie haben wohl
Der Rückkehr schönes Bild in dir erneut?

Iphigenie *nach einigem Stillschweigen.*
Hat denn zur unerhörten Tat der Mann
Allein das Recht? Drückt denn Unmögliches
Nur Er an die gewalt'ge Heldenbrust?
Was nennt man groß? Was hebt die Seele schaudernd
Dem immer wiederholenden Erzähler?
Als was mit unwahrscheinlichem Erfolg
Der Mutigste begann. Der in der Nacht
Allein das Heer des Feindes überschleicht,
Wie unversehen eine Flamme wütend
Die Schlafenden, Erwachenden ergreift,
Zuletzt gedrängt von den Ermunterten
Auf Feindes Pferden, doch mit Beute kehrt,
Wird der allein gepriesen? der allein,
Der einen sichern Weg verachtend kühn
Gebirg und Wälder durchzustreifen geht,
Dass er von Räubern eine Gegend säubre?
Ist uns nichts übrig? Muss ein zartes Weib
Sich ihres angebornen Rechts entäußern,
Wild gegen Wilde sein, wie Amazonen
Das Recht des Schwerts euch rauben und mit Blute
Die Unterdrückung rächen? Auf und ab
Steigt in der Brust ein kühnes Unternehmen:
Ich werde großem Vorwurf nicht entgehn,

erneut erneuert, mit neuem Leben erfüllt

unerhörten noch nie da gewesenen, mutig unkonventionellen

Dem immer wiederholenden Erzähler → Seite 94

mit unwahrscheinlichem Erfolg gegen alle realistische Erwartung auf Erfolg

überschleicht beschleicht, ausspioniert

Wie unversehen Völlig unerwartet, wie aus dem Nichts

kehrt → Seite 94

ein kühnes Unternehmen ein gewagtes Vorhaben

Noch schwerem Übel wenn es mir misslingt;
Allein Euch leg ich's auf die Knie! Wenn
Ihr wahrhaft seid, wie ihr gepriesen werdet,
So zeigt's durch euern Beistand und verherrlicht
Durch mich die Wahrheit! – Ja, vernimm, o König,
Es wird ein heimlicher Betrug geschmiedet;
Vergebens fragst du den Gefangnen nach;
Sie sind hinweg und suchen ihre Freunde,
Die mit dem Schiff am Ufer warten, auf.
Der ältste, den das Übel hier ergriffen
Und nun verlassen hat – es ist Orest,
Mein Bruder, und der andre sein Vertrauter,
Sein Jugendfreund, mit Namen Pylades.
Apoll schickt sie von Delphi diesem Ufer
Mit göttlichen Befehlen zu, das Bild
Dianens wegzurauben und zu ihm
Die Schwester hinzubringen, und dafür
Verspricht er dem von Furien Verfolgten,
Des Mutterblutes Schuldigen, Befreiung.
Uns beide hab ich nun, die Überbliebnen
Von Tantals Haus, in deine Hand gelegt:
Verdirb uns – wenn du darfst.

Thoas. Du glaubst, es höre
Der rohe Skythe, der Barbar, die Stimme
Der Wahrheit und der Menschlichkeit, die Atreus,
Der Grieche, nicht vernahm?

Iphigenie. Es hört sie jeder,
Geboren unter jedem Himmel, dem
Des Lebens Quelle durch den Busen rein
Und ungehindert fließt. – Was sinnst du mir,
O König, schweigend in der tiefen Seele?
Ist es Verderben? so töte mich zuerst!
Denn nun empfind ich, da uns keine Rettung

Allein Euch leg ich's auf die Knie! Euch Göttern allein lege ich es zur Entscheidung vor!

fragst du … nach erkundigst du dich nach …

Des Mutterblutes Schuldigen Der das Blut seiner eigenen Mutter vergossen hat

Uns beide Unser beider Schicksal

darfst → Seite 94

Worein In die

künstlich-dichtend die Lage geschickt ausmalend

Der lang Verschlossnen Der schon lange im Schutzraum des Tempelbezirks Lebenden, der weltfremd Gewordenen

Gespinst sowohl im Sinne von Schleier wie auch im übertragenen Sinne: ›Gespinst von Lügen‹

entlass uns lass uns gehen

durch seiner Frauen Schuld durch die Schuld seiner Frau

Hinübergehn Übers Meer in die Heimat zurückkehren

zubereitet möglich

zu lassen gehen zu lassen

gemeine gewöhnliche

dass er … entferne → Seite 94

noch … nicht hofft → Seite 94

Mehr übrig bleibt, die grässliche Gefahr,
Worein ich die Geliebten übereilt
Vorsätzlich stürzte. Weh! ich werde sie
Gebunden vor mir sehn! Mit welchen Blicken
Kann ich von meinem Bruder Abschied nehmen,
Den ich ermorde? Nimmer kann ich ihm
Mehr in die vielgeliebten Augen schaun!

Thoas. So haben die Betrüger künstlich-dichtend
Der lang Verschlossnen, ihre Wünsche leicht
Und willig Glaubenden, ein solch Gespinst
Ums Haupt geworfen!

Iphigenie. Nein! o König, nein!
Ich könnte hintergangen werden; diese
Sind treu und wahr. Wirst du sie anders finden,
So lass sie fallen und verstoße mich,
Verbanne mich zur Strafe meiner Torheit
An einer Klippeninsel traurig Ufer.
Ist aber dieser Mann der langerflehte,
Geliebte Bruder: so entlass uns, sei
Auch den Geschwistern wie der Schwester freundlich!
Mein Vater fiel durch seiner Frauen Schuld,
Und sie durch ihren Sohn. Die letzte Hoffnung
Von Atreus' Stamme ruht auf ihm allein.
Lass mich mit reinem Herzen, reiner Hand,
Hinübergehn und unser Haus entsühnen.
Du hältst mir Wort! – Wenn zu den Meinen je
Mir Rückkehr zubereitet wäre, schwurst
Du mich zu lassen; und sie ist es nun.
Ein König sagt nicht, wie gemeine Menschen,
Verlegen zu, dass er den Bittenden
Auf einen Augenblick entferne; noch
Verspricht er auf den Fall den er nicht hofft:
Dann fühlt er erst die Höhe seiner Würde,

Wenn er den Harrenden beglücken kann.
Thoas. Unwillig, wie sich Feuer gegen Wasser
Im Kampfe wehrt und gischend seinen Feind
Zu tilgen sucht, so wehret sich der Zorn
In meinem Busen gegen deine Worte.
Iphigenie. O lass die Gnade, wie das heil'ge Licht
Der stillen Opferflamme, mir umkränzt
Von Lobgesang und Dank und Freude lodern.
Thoas. Wie oft besänftigte mich diese Stimme!
Iphigenie. O reiche mir die Hand zum Friedenszeichen.
Thoas. Du forderst viel in einer kurzen Zeit.
Iphigenie. Um Guts zu tun braucht's keiner Überlegung.
Thoas. Sehr viel! denn auch dem Guten folgt das Übel.
Iphigenie. Der Zweifel ist's, der Gutes böse macht.
Bedenke nicht; gewähre wie du's fühlst.

Vierter Auftritt.

Orest *gewaffnet.* **Die Vorigen.**

Orest *nach der Szene gekehrt.*
Verdoppelt eure Kräfte! Haltet sie
Zurück! Nur wenig Augenblicke! Weicht
Der Menge nicht, und deckt den Weg zum Schiffe
Mir und der Schwester.
Zu Iphigenien ohne den König zu sehen.
Komm, wir sind verraten.
Geringer Raum bleibt uns zur Flucht. Geschwind!
Er erblickt den König.
Thoas *nach dem Schwerte greifend.*
In meiner Gegenwart führt ungestraft
Kein Mann das nackte Schwert.

Harrenden Wartenden

gischend in heftiger Reaktion

Bedenke nicht Halte dich nicht mit langen Erwägungen, Bedenklichkeiten auf

gewaffnet bewaffnet

Die Vorigen Die in der vorangegangenen Szene bereits Anwesenden

nach der Szene gekehrt indem er sich dem hinteren Teil der Bühne zukehrt

Weicht / Der Menge nicht Weicht nicht vor der zahlenmäßigen Überlegenheit des Feindes zurück

deckt schützt, haltet frei

Gebietet euerm Volke Stillstand Befehlt euren Kämpfern, nicht weiter vorzudringen

horche gehorche

bloßen blanken, gezogenen

nach der See zur See hin

ihr Anhang ihr Gefolge, ihre Kämpfer

Iphigenie. Entheiliget
Der Göttin Wohnung nicht durch Wut und Mord.
Gebietet euerm Volke Stillstand, höret
Die Priesterin, die Schwester!

Orest. Sage mir!
Wer ist es, der uns droht?

Iphigenie. Verehr in ihm
Den König, der mein zweiter Vater ward!
Verzeih mir, Bruder; doch mein kindlich Herz
Hat unser ganz Geschick in seine Hand
Gelegt. Gestanden hab ich euern Anschlag
Und meine Seele vom Verrat gerettet.

Orest. Will er die Rückkehr friedlich uns gewähren?

Iphigenie.
Dein blinkend Schwert verbietet mir die Antwort.

Orest *der das Schwert einsteckt.*
So sprich! du siehst ich horche deinen Worten.

Fünfter Auftritt.

Die Vorigen. Pylades. *Bald nach ihm* **Arkas,**
beide mit bloßen Schwertern.

Pylades. Verweilet nicht! Die letzten Kräfte raffen
Die Unsrigen zusammen; weichend werden
Sie nach der See langsam zurückgedrängt.
Welch ein Gespräch der Fürsten find ich hier!
Dies ist des Königes verehrtes Haupt!

Arkas. Gelassen, wie es dir, o König, ziemt,
Stehst du den Feinden gegenüber. Gleich
Ist die Verwegenheit bestraft; es weicht
Und fällt ihr Anhang, und ihr Schiff ist unser.

Ein Wort von dir; so steht's in Flammen.

Thoas. Geh!
Gebiete Stillstand meinem Volke! Keiner
Beschädige den Feind, solang wir reden.
Arkas ab.

Orest. Ich nehm es an. Geh, sammle, treuer Freund,
Den Rest des Volkes; harret still, welch Ende
Die Götter unsern Taten zubereiten.
Pylades ab.

Ich nehm es an. Ich gehe auf den Vorschlag ein.

Sechster Auftritt.

Iphigenie. Thoas. Orest.

Iphigenie. Befreit von Sorge mich, eh ihr zu sprechen
Beginnet. Ich befürchte bösen Zwist,
Wenn du, o König, nicht der Billigkeit
Gelinde Stimme hörest; du, mein Bruder,
Der raschen Jugend nicht gebieten willst.

Thoas. Ich halte meinen Zorn, wie es dem Ältern
Geziemt, zurück. Antworte mir! Womit
Bezeugst du, dass du Agamemnons Sohn
Und dieser Bruder bist?

Orest. Hier ist das Schwert,
Mit dem er Trojas tapfre Männer schlug.
Dies nahm ich seinem Mörder ab, und bat
Die Himmlischen, den Mut und Arm, das Glück
Des großen Königes mir zu verleihn,
Und einen schönern Tod mir zu gewähren.
Wähl einen aus den Edlen deines Heers
Und stelle mir den Besten gegenüber.
So weit die Erde Heldensöhne nährt,

der Billigkeit / Gelinde Stimme die sanfte Stimme maßvoller Abschätzung, was recht und billig sei

Der raschen Jugend nicht gebieten Das in jugendlicher Unbedachtheit erhitzte Temperament nicht zügeln

dieser Bruder der Bruder dieser Person hier, Iphigenies Bruder

Arm kraftvollen Arm (um das Schwert ebenso gewaltig zu führen wie der Vater)

dies Gesuch diese Aufforderung zum Zweikampf

Ist keinem Fremdling dies Gesuch verweigert.
Thoas. Dies Vorrecht hat die alte Sitte nie
Dem Fremden hier gestattet.
Orest. So beginne
Die neue Sitte denn von dir und mir!
Nachahmend heiliget ein ganzes Volk
Die edle Tat der Herrscher zum Gesetz.
Und lass mich nicht allein für unsre Freiheit,
Lass mich, den Fremden für die Fremden, kämpfen.
Fall ich, so ist ihr Urteil mit dem meinen
Gesprochen; aber gönnet mir das Glück

Zu überwinden Meinen Gegner zu überwinden

Zu überwinden, so betrete nie
Ein Mann dies Ufer, dem der schnelle Blick
Hülfreicher Liebe nicht begegnet, und
Getröstet scheide jeglicher hinweg!
Thoas. Nicht unwert scheinest du, o Jüngling, mir
Der Ahnherrn, deren du dich rühmst, zu sein.
Groß ist die Zahl der edeln, tapfern Männer,
Die mich begleiten; doch ich stehe selbst
In meinen Jahren noch dem Feinde, bin
Bereit mit dir der Waffen Los zu wagen.
Iphigenie. Mitnichten! Dieses blutigen Beweises
Bedarf es nicht, o König! Lasst die Hand
Vom Schwerte! Denkt an mich und mein Geschick.
Der rasche Kampf verewigt einen Mann:

Er falle gleich, so preiset ihn das Lied. Auch wenn er im Kampf fällt, wird er in einem Heldenlied Unsterblichkeit erlangen.

Er falle gleich, so preiset ihn das Lied.
Allein die Tränen, die unendlichen,
Der überbliebnen, der verlassnen Frau
Zählt keine Nachwelt, und der Dichter schweigt
Von tausend durchgeweinten Tag und Nächten,
Wo eine stille Seele den verlornen,
Rasch-abgeschiednen Freund vergebens sich
Zurückzurufen bangt und sich verzehrt.

verzehrt in Gram verzehrt, vor Kummer vergeht

Mich selbst hat eine Sorge gleich gewarnt,
Dass der Betrug nicht eines Räubers mich
Vom sichern Schutzort reiße, mich der Knechtschaft
Verrate. Fleißig hab ich sie befragt,
Nach jedem Umstand mich erkundigt, Zeichen
Gefordert, und gewiss ist nun mein Herz.
Sieh hier an seiner rechten Hand das Mal
Wie von drei Sternen, das am Tage schon,
Da er geboren ward, sich zeigte, das
Auf schwere Tat mit dieser Faust zu üben
Der Priester deutete. Dann überzeugt
Mich doppelt diese Schramme, die ihm hier
Die Augenbraue spaltet. Als ein Kind
Ließ ihn Elektra, rasch und unvorsichtig
Nach ihrer Art, aus ihren Armen stürzen.
Er schlug auf einen Dreifuß auf – Er ist's –

Soll ich dir noch die Ähnlichkeit des Vaters,
Soll ich das innre Jauchzen meines Herzens
Dir auch als Zeugen der Versichrung nennen?
Thoas. Und hübe deine Rede jeden Zweifel,
Und bändigt' ich den Zorn in meiner Brust:
So würden doch die Waffen zwischen uns
Entscheiden müssen; Friede seh ich nicht.
Sie sind gekommen, du bekennest selbst,
Das heil'ge Bild der Göttin mir zu rauben.
Glaubt ihr, ich sehe dies gelassen an?
Der Grieche wendet oft sein lüstern Auge
Den fernen Schätzen der Barbaren zu,
Dem goldnen Felle, Pferden, schönen Töchtern;
Doch führte sie Gewalt und List nicht immer
Mit den erlangten Gütern glücklich heim.
Orest. Das Bild, o König, soll uns nicht entzweien!

mich der Knechtschaft / Verrate mich (statt nach Hause) in die Sklaverei führe

Dreifuß → Seite 94

hübe beseitigte

dies gelassen an dem gelassen zu

sein lüstern Auge seine Gier

Dem goldnen Felle → Seite 94

sie die Griechen

Jetzt kennen wir den Irrtum, den ein Gott
Wie einen Schleier um das Haupt uns legte,
Da er den Weg hierher uns wandern hieß.
Um Rat und um Befreiung bat ich ihn
Von dem Geleit der Furien; er sprach:
»Bringst du die Schwester, die an Tauris' Ufer
Im Heiligtume wider Willen bleibt,
Nach Griechenland; so löset sich der Fluch.«
Wir legten's von Apollens Schwester aus,
Und er gedachte dich! Die strengen Bande
Sind nun gelöst; du bist den Deinen wieder,
Du Heilige, geschenkt. Von dir berührt
War ich geheilt; in deinen Armen fasste
Das Übel mich mit allen seinen Klauen
Zum letzten Mal, und schüttelte das Mark
Entsetzlich mir zusammen; dann entfloh's
Wie eine Schlange zu der Höhle. Neu
Genieß ich nun durch dich das weite Licht
Des Tages. Schön und herrlich zeigt sich mir
Der Göttin Rat. Gleich einem heil'gen Bilde,
Daran der Stadt unwandelbar Geschick
Durch ein geheimes Götterwort gebannt ist,
Nahm sie dich weg, dich Schützerin des Hauses;
Bewahrte dich in einer heil'gen Stille
Zum Segen deines Bruders und der Deinen.
Da alle Rettung auf der weiten Erde
Verloren schien, gibst du uns alles wieder.
Lass deine Seele sich zum Frieden wenden,
O König! Hindre nicht, dass sie die Weihe
Des väterlichen Hauses nun vollbringe,
Mich der entsühnten Halle wiedergebe,
Mir auf das Haupt die alte Krone drücke!
Vergilt den Segen, den sie dir gebracht,

Wir legten's von Apollens Schwester aus, / Und er gedachte dich Wir dachten, Apolls Gebot bezöge sich auf seine Schwester Diana, erkennen aber nun: er meinte dich, meine Schwester

Daran An das

Hindre Verhindere

Halle → Seite 94

die alte Krone → Seite 94

Vergilt Vergelte, erbringe eine Gegenleistung für

Und lass des nähern Rechtes mich genießen!
Gewalt und List, der Männer höchster Ruhm,
Wird durch die Wahrheit dieser hohen Seele
Beschämt, und reines kindliches Vertrauen
Zu einem edeln Manne wird belohnt.

Iphigenie.
Denk an dein Wort und lass durch diese Rede
Aus einem graden treuen Munde dich
Bewegen! Sieh uns an! Du hast nicht oft
Zu solcher edeln Tat Gelegenheit.
Versagen kannst du's nicht; gewähr es bald.

Thoas. So geht!

Iphigenie. Nicht so, mein König! Ohne Segen,
In Widerwillen, scheid ich nicht von dir.
Verbann uns nicht! Ein freundlich Gastrecht walte
Von dir zu uns: so sind wir nicht auf ewig
Getrennt und abgeschieden. Wert und teuer,
Wie mir mein Vater war, so bist du's mir,
Und dieser Eindruck bleibt in meiner Seele.
Bringt der Geringste deines Volkes je
Den Ton der Stimme mir ins Ohr zurück,
Den ich an euch gewohnt zu hören bin,
Und seh ich an dem Ärmsten eure Tracht;
Empfangen will ich ihn wie einen Gott,
Ich will ihm selbst ein Lager zubereiten,
Auf einen Stuhl ihn an das Feuer laden,
Und nur nach dir und deinem Schicksal fragen.
O geben dir die Götter deiner Taten
Und deiner Milde wohlverdienten Lohn!
Leb wohl! O wende dich zu uns und gib
Ein holdes Wort des Abschieds mir zurück!
Dann schwellt der Wind die Segel sanfter an,
Und Tränen fließen lindernder vom Auge

lass des nähern Rechtes mich genießen! gestehe dir ein, dass ich als ihr Bruder mehr Rechte auf Iphigenie habe als du, und handle nach dieser Einsicht!

graden alle Winkelzüge und jeden Hintersinn verabscheuenden

der Geringste der Einfachste, der am wenigsten Vornehme und Begüterte

geben mögen … geben

holdes freundliches, versöhnliches

Des Scheidenden. Leb wohl! und reiche mir
Zum Pfand der alten Freundschaft deine Rechte.

Thoas. Lebt wohl!

Anselm Feuerbach (1829–1880): Iphigenie. 1. Fassung (1862).
Öl auf Leinwand. 249 × 174 cm. Hessisches Landesmuseum Darmstadt

Anselm Feuerbach (1829–1880): Iphigenie. 2. Fassung (1871).
Öl auf Leinwand. 192,5 × 126,5 cm. Staatsgalerie Stuttgart

Anselm Feuerbach (1829–1880): Am Meer (3. Fassung der Iphigenie; 1875).
Öl auf Leinwand. 197 × 113,5 cm. museum kunst palast, Düsseldorf

Zur Textgestalt

Im Februar und März 1779 schrieb (bzw.: diktierte) Goethe, überhäuft von Amtsgeschäften im Herzogtum Sachsen-Weimar-Eisenach, eine erste Fassung seiner »Iphigenie auf Tauris«, nachdem er sich zuvor beinahe drei Jahre lang innerlich mit dem antiken Stoff beschäftigt hatte. Diese erste Fassung war noch in Prosa gehalten. Sie wurde am 6. April 1779 im Haus des Weimarer Hofjägers Anton Hauptmann uraufgeführt. (Das Weimarer Hoftheater war 1775 bei einem Brand zerstört worden.) Die damals achtundzwanzigjährige, ein halbes Jahr zuvor auf Goethes Betreiben hin als Hofvokalistin nach Weimar berufene Sängerin und Schauspielerin Corona Schröter übernahm die Hauptrolle, Goethe die des Orest, sein Freund Karl Ludwig von Knebel, der Erzieher des Prinzen Constantin (des jüngeren Bruders des Herzogs), die des Thoas und Prinz Constantin spielte den Pylades. Bei einer weiteren Aufführung, Mitte Juli auf Schloss Ettersburg (dem Sommeraufenthalt der herzoglichen Familie), schlüpfte Herzog Carl August statt seines Bruders in die Rolle des Pylades.

Goethe machte großen Eindruck als Orest, war aber mit seinem Stück nie recht zufrieden. Er besserte weiter daran herum und schlug zahlreiche Wünsche von Bekannten nach Abschriften ab, damit das Werk in dieser Fassung nicht zu große Verbreitung fände. Als er im Juni 1786 mit dem Verleger Göschen einen Vertrag über eine achtbändige Werkausgabe »Goethe's Schriften« abschloss, schien jedoch der Zeitpunkt gekommen, die »Iphigenie« im Rahmen dieser Ausgabe der allgemeinen Öffentlichkeit zugänglich zu machen. Er bat den älteren Schriftstellerkollegen Christoph Martin Wieland um sein Urteil. Wieland riet, das Prosastück in ein Versdrama umzuformen. Diese Arbeit beabsichtigte Goethe im Sommerurlaub zu erledigen, wenn er den Herzog zusammen mit Herder in den böhmischen Kurort Karlsbad begleiten würde. In Karlsbad, wo ihm Herder, so Goethe, »mit wunderbarer Geduld« zur Seite stand, wurde er aber nicht fertig und als er von dort am 3. September heimlich (nur der Herzog wusste Bescheid) nach Italien aufbrach, hatte er, neben anderen Manuskripten, auch die »Iphigenie« im Gepäck. Die reichen Eindrücke in südlicher Sphäre und an antiken Stätten flossen in die Umarbeitung ein, die aber nur langsam voranschritt. Erst im Januar 1787 schickte Goethe das Manuskript von Rom aus an Herder ab, der sich daheim in Weimar um die Drucklegung von Goethes Werkausgabe kümmerte. Die »Iphigenie« erschien im Juni 1787 im dritten Band der Ausgabe. Zudem brachte Göschen das neue Stück als Einzelband (mit einem Umfang von 136 Seiten) heraus.

Der Text der vorliegenden Ausgabe folgt dieser ersten selbstständigen (und mit dem Abdruck im dritten Band der Werkausgabe seitenidentischen) Ausgabe des Werkes. Die Rechtschreibung ist an den heutigen Stand angepasst. Zeichensetzung und Lautstand blieben jedoch unangetastet, wie es mittlerweile bei Neuausgaben älterer Werke üblich ist. So sind heute veraltete Formen wie »fodern« (V. 1008; neben dem ebenfalls vorkommenden »fordern«), »edeln« (V. 117 und öfter), »dunkeln« (V. 1002), »hieher« (V. 54), »zehen« (V. 858), »Jetzo« (V. 952), »ahndungsvollen« (V. 1029), »losgedruckter« (V. 1409), »Fittigen« (V. 395 und 665), »Hülf« (V. 565 und 612), »hülflos« (V. 162), »Hülfreicher« (V. 2056), »ängstest« (V. 154) oder »gerochen« (V. 237) unverändert aus dem Original übernommen. Auch bei »rauh« (V. 827 und 1603) bzw. »rauhen« (V. 30 und 1829) wurde die heute noch immer korrekte, aber ungebräulich gewordene Form mit »h« beibehalten. Der im Original unterschiedlich (»Clytemnestra«, »Klytemnestra«) geschriebene Name von Iphigenies und Orests Mutter ist zu »Klytaimnestra« vereinheitlicht.

Manche Wörter hat Goethe durch Großschreibung (vgl. V. 298, 308, 399, 495, 640, 791, 1144, 1145, 1289, 1453, 1668 und 1861) und, in seltenen Fällen, auch durch Sperrung (vgl. V. 120, 639 und 2117) hervorgehoben. Auch diese Betonungen sind originaltreu in die vorliegende Ausgabe übernommen worden.

Erläuterungen

S. 4 Taurier (auch: Taurer) einstige Bewohner der Halbinsel Krim im Schwarzen Meer, deren Siedlungsgebiet in der französischen Überlieferung den Namen »Tauride« erhielt, woraus im Deutschen »Tauris« wurde

Hain als idyllischer Ruheplatz angelegtes Wäldchen, oft eine geweihte Stätte oder Umgebung eines Heiligtums

Dianens Diana, römische Bezeichnung für Artemis, die griechische Göttin der Jagd und Schwester Apollons

S. 6 Zeus der Herrscher innerhalb des Götterclans der griechischen Mythologie und Vater unter anderem von Artemis und Apollon

Agamemnon in der griechischen Mythologie König von Mykene und oberster Befehlshaber des griechischen Heeres im Trojanischen Krieg; Vater von Iphigenie, Elektra und Orest

dir sein Liebstes zum Altare brachte seine Tochter Iphigenie, als Wiedergutmachung für die unbedachte Tötung einer heiligen Hirschkuh der Göttin Artemis

S. 8 Gleich einem Schatten um sein eigen Grab Wie eine bereits Tote; in der Vorstellung der Griechen existierten die Verstorbenen als Schatten in der Unterwelt (dem Hades) fort, von wo aus sie zeitweilig ihr eigenes Grab aufsuchten.

an dem Ufer Lethes am Fluss in der Unterwelt der griechischen Mythologie, aus dem die Schatten Vergessenheit trinken

vor allen meins mehr als jedes andere (denkbare Schicksal einer Frau) meines

dass du dir selbst nicht g'nügest dass du mehr und Besseres bewirken willst

S. 9 Umschwebt … das Heer Die Siegesgöttin der griechischen Mythologie, Nike, wird als geflügelte Gestalt dargestellt.

der falschen Wert zu eitel hebt der sich stolz mit Taten brüstet, die keineswegs sehr verdienstvoll sind

S. 10 Skythe Die Griechen nannten alle nördlich des Schwarzen Meeres ansässigen Volksstämme generalisierend »Skythen«.

S. 11 Jungfrau einer Jungfrau Diana bzw. Artemis, die hier selbst als Jungfrau bezeichnet wird, wurde unter anderem als Beschützerin der Jungfräulichkeit verehrt.

S. 12 königlichen Gütern Gemeint sind die Eigenschaften eines guten und das Glück eines erfolgreichen Herrschers.

S. 14 Jupiter römische Entsprechung des griechischen Namens Zeus (vgl. auch die Erläuterung zu ›Zeus‹ auf Seite 85)

zu Rat und Tafel zog zu seinem Tischgenossen machte und gelegentlich sogar um Rat fragte

S. 15 großen Donn'rers gängiger Beiname des Zeus / Jupiter, der als ›Blitzeschleuderer‹ vorgestellt wurde

Titanen Die Titanen waren in der griechischen Mythologie Nachfahren derjenigen Götter, die vor den olympischen Göttern geherrscht hatten; sie wurden von Zeus besiegt und in die Unterwelt geworfen. Das hier behauptete Verwandtschaftsverhältnis zwischen den Titanen und Tantalus ist durch die Überlieferung nicht belegt.

Önomaus Oinomaos, in der griechischen Mythologie König von Elis im Nordwesten der Peloponnes

Hippodamien Hippodameia, mit der Pelops in zweiter Ehe verheiratet war

S. 17 wendete die Sonn' … ihren Wagen aus dem ew'gen Gleise Der Sonnengott Helios, der in späterer Zeit oft mit Apoll gleichgesetzt wurde, lenkte in der antiken Mythologie tagsüber den Sonnenwagen über den Himmel. Goethe greift diese Vorstellung auf und deutet an, dass aufgrund des monströsen von Atreus begangenen Verbrechens die Natur selbst vorübergehend aus dem Gleichgewicht gerät.

S. 18 Raub der schönsten Frau die Entführung Helenas, der Frau des Königs von Sparta Menelaos, durch Paris, einen der Söhne des Königs von Troja

Aulis Hafenstadt in Böotien am korinthischen Golf, Schauplatz des zweiten wichtigen Komplexes des Iphigenie-Mythos, der von Agamemnons schwerem Entschluss handelt, seine ältere Tochter zu opfern, um die erzürnte Göttin Artemis / Diana zu besänftigen und so vermeintlich seiner Verantwortung als Oberbefehlshaber des griechischen Heeres gerecht zu werden

Kalchas Priester und Seher der Griechen während des Trojanischen Kriegs

S. 22 dein Licht, das Leben der Nächte Als Schwester Apolls, des Sonnengotts (vgl. dessen Beiname »Phoibos« / »Phöbus«, »der Leuchtende«), galt Artemis / Diana auch als Mondgöttin.

S. 23 Geleit der Rachegeister Gemeint sind die Erinnyen (bzw., mit dem römischen Namen: die Furien), nach antiker Vorstellung geflügelte Rachegöttinnen der Unterwelt mit Hundeköpfen und Schlangenhaar, die insbesondere Mörder verfolgen und in den Wahnsinn treiben.

wo die Netze / Der nahverwandte Meuchelmörder stellt Orests und Iphigenies Vater Agamemnon wurde dem Mythos zufolge nach seiner Rückkehr aus dem Trojanischen Krieg von seiner Frau Klytaimnestra und deren Liebhaber Aigisthos, der als Sohn des Thyestes ein Cousin von Agamemnon war, ermordet. Als er wehrlos im Bad lag, warf Klytaimnestra ein Netz über ihn, woraufhin Aigisthos ihn erdolchte (vgl. die Verse 890 bis 900 des Stücks). So nahm Klytaimnestra Rache für den Verlust ihrer ältesten Tochter.

S. 24 Larven (auch: Lemuren), römische Bezeichnung für die nächtlich spukenden Geister von Verstorbenen

Des Lebens dunkle Decke ... In der folgenden Passage wird deutlich, dass Goethes Orest, in Abweichung zur mythischen Überlieferung (dort gelangt Orest schon im Kleinkindalter zur Familie von Pylades), seine Kindheit im verdüsterten Vaterhaus verbringt; dadurch werden die Morde an seiner Mutter und Aigisthos zusätzlich psychologisch motiviert.

S. 25 die freie Stätte Freistätte; in früherer Zeit Orte (wie etwa Kirchen oder Klöster), an denen Verfolgte nicht ergriffen oder attackiert werden durften

S. 27 Harfe Gemeint ist wohl die im antiken Griechenland beliebte Lyra, eine Vorläuferin der Harfe.

S. 28 nimmt sich / Seinen Lohn mit seiner Tat hinweg erhält, was er verdient, ohne sein Verdienst oder seine Schuld weiterzuvererben

zu Delphis Der Tempel Apolls in Delphi beherbergte das wichtigste Orakel im antiken Griechenland.

S. 29 Ulyssen französischer, aus der lateinischen Form »Ulixes« abgeleiteter und auch im Deutschen verbreiteter Name für Odysseus, den König von Ithaka und Held des homerischen Epos »Odyssee«; Odysseus führte unter den Griechen den Beinamen »der Listenreiche«.

Olymp Das an der Ostküste des Landes gelegene höchste Gebirge Griechenlands galt als Sitz der Götter.

Amazonen kriegerisches, am Schwarzen Meer beheimatetes Frauenvolk der griechischen Mythologie

S. 32 Barbaren Diese ursprünglich neutrale Bezeichnung der Griechen für alle Nichtgriechen wandelte sich mit der Zeit zu einer abschätzigen Klassifizierung vermeintlich unzivilisierter Völkerschaften.

Achill der strahlendste Kriegsheld der Griechen vor Troja

seinem schönen Freunde Patroklos, der enge Waffengefährte und Freund bzw. Geliebte von Achill, der von dem trojanischen Königssohn Hektor getötet wird (vgl. den sechzehnten Gesang der »Ilias«)

Palamedes ein wegen seiner besonderen Klugheit gerühmter griechischer Held, der laut der nachhomerischen Überlieferung ebenfalls zur griechischen Streitmacht vor Troja gehört haben soll

Ajax Telamons Ajax ist nach Achill der zweitwichtigste Kriegsheld der Griechen im Trojanischen Krieg; er ist der Sohn des Königs von Salamis Telamon.

S. 33 statt des Triumphs Der Genetivartikel fehlt im Erstdruck; hierbei handelt es sich offensichtlich um einen Fehler des Setzers.
feindlich aufgebrachter Gott Gemeint ist wohl der Meeresgott Poseidon, der besonders Odysseus mit großem Hass verfolgte.
Mycenens Hallen Agamemnons Königspalast in Mykene, also Iphigenies Elternhaus
Ägisthens vgl. die Erläuterung zu ›wo die Netze …‹ auf Seite 87
berückt ursprünglich Begriff aus der Jägersprache zur Bezeichnung der Annäherung des Jägers an seine Beute mit einem Fangnetz; auch Agamemnon wird ein Netz übergeworfen, bevor er ermordet wird.
einer alten Rache tief Gefühl Agamemnon hatte seinen Onkel Thyestes, den Vaters Ägisths, besiegt und als dessen Nachfolger die Herrschaft über Mykene übernommen.
S. 35 Der an den Herd der Vatergötter streifte bildlich für: der mit der fernen Familie in Berührung gekommen ist; im antiken Rom (allerdings nicht in Griechenland) standen Bilder der Hausgötter in der Nähe des Herdfeuers.
S. 36 Avernus Im antiken Rom wurde der Averner See bei Neapel als Eingang zur Unterwelt angesehen.
S. 39 Der Mutter Geist vgl. Goethes briefliche Äußerung gegenüber Johann Gottfried Herder, der die Versfassung der »Iphigenie« vor der Drucklegung zur Durchsicht erhalten hatte: »Einige halbe Verse habe ich gelassen, wo sie vielleicht gut tun […].« (Brief vom 31. Januar 1787)
Acheron einer der fünf Flüsse in der Unterwelt der griechischen Mythologie; Totenfluss, den die Seelen der Verstorbenen auf dem Weg in den Hades in der Fähre Charons überqueren müssen
Von dem ein alter Fluch sie längst verbannte Die Verbannung der Erinnyen in die Unterwelt aufgrund eines alten Fluchs ist durch die antike Überlieferung nicht belegt.
S. 42 Höllenschwefel eine christliche Vorstellung, die in der antiken Glaubenswelt eigentlich keinen Platz hat

Gorgone Die Gorgonen der griechischen Mythologie sind drei weibliche Schreckgestalten mit Schlangenhaaren, bei deren Anblick der Betrachter zu Stein erstarrte. Manche Überlieferungsquellen (so auch Homer) sprechen nur von einer Gorgone.

S. 43 Kreusas Brautkleid In der griechischen Mythologie verstößt Iason, der Anführer der Argonauten, seine erste Frau Medea, um Kreusa (bzw., mit ihrem bekannteren Namen, Glauke), die Tochter des Königs von Korinth Kreon, zu heiraten. Daraufhin schenkt Medea Kreusa ein präpariertes Kleid, in dem diese, als sie es anzieht, verbrennt.

Wie Herkules ... sterben Herakles (lat. Herkules) stirbt dem Mythos zufolge einen ähnlichen Tod wie Kreusa: Aus Rache für seine Untreue schenkt ihm seine Frau ein vergiftetes Gewand, das ihm den Tod bringt. Herakles kürzt sein Leiden ab, indem er sich selbst verbrennt.

Lyäens Tempel »Lyaios«, »der (Sorgen-)Lösende«, war ein Beiname von Dionysos, dem griechischen Gott der rauschhaften Freude.

vom Parnass die ew'ge Quelle sprudelnd Am Fuße des Gebirges Parnassos entspringt der in der Antike berühmte Kastalische Quell, der Apollon und den Musen geweiht war und dessen Wasser den Besuchern des delphischen Orakels für rituelle Waschungen diente.

Nymphe in der griechischen und römischen Mythologie Naturgeister in Gestalt anziehender junger Frauen, oft im Gefolge der Gottheiten Dionysos / Bacchus oder Artemis / Diana

S. 44 Brudermord Orests und Iphigenies Großvater Atreus hatte zusammen mit seinem Bruder Thyestes den gemeinsamen Stiefbruder Chrysippos ermordet (vgl. V. 340–345); hier allgemeiner auch im Sinne von Verwandtenmord

Schwefelpfuhl Luther bezeichnet in seiner Bibelübersetzung die Hölle als »feurige[n] Pfuhl«.

S. 47 grausame Qualen Die sprichwörtlich gewordenen Tantalus-Qualen bestehen eigentlich darin, dass Tantalus bis zum Hals im

Anselm Feuerbach (1829–1880):
Iphigenie, stehend, um 1861.
Kreide, Deckweiß, Aquarell.
47,1 × 23,9 cm.
Kurpfälzisches Museum
der Stadt Heidelberg

Wasser steht, das jedoch bis zum Boden zurückweicht, sobald er das Kinn neigt, um seinen Durst zu stillen. Ebenso schweben über ihm Zweige mit reifen Früchten, die jedoch ein Sturm in die Höhe weht, sobald er versucht, sie zu erhaschen (vgl. den elften Gesang der »Odyssee«). Zudem droht er jeden Moment von einem Felsbrocken über ihm erschlagen zu werden. Die hier erwähnten »eh'rnen Ketten« erinnern allerdings eher an den an einen Fels geschmiedeten Prometheus.

Mit sanften Pfeilen In der Antike existierte die Vorstellung, Krankheit und Tod würden von Appollon und Artemis ›mit sanften Pfeilen‹ versendet.

Plutos Pluto: römischer Name für Hades, den griechischen Gott der Unterwelt

Geschwister gemeint sind Apollon / Apollo und Artemis / Diana, die im Folgenden als Gottheiten der Sonne und des Monds angesprochen werden

S. 48 günst'ge Parze wohlgesonnene Schicksalsgöttin der römischen Mythologie. Antike Schicksalsgöttinnen (die griechische Entsprechung der »Parzen« sind die »Moiren«) treten gewöhnlich als Dreiergespann auf: Die erste spinnt den Lebensfaden, die zweite bemisst seine Länge, die dritte schneidet ihn ab.

Ihr Götter, die mit flammender Gewalt / Ihr schwere Wolken aufzuzehren wandelt bildlich für: die ihr das Langersehnte (den lebenspendenden Regen) mit unwiderstehlicher Macht herbeiführt; oder: die ihr die Macht habt, das düster lastende Verhängnis mit einem Blitzstrahl zu zerreißen

Iris griechische Gottheit, deren Sinnbild der Regenbogen ist

Flor eigentlich Material für Textilgewebe; hier im Sinne von Vorhang

S. 49 Eumeniden »die Wohlgesinnten«, euphemistische Bezeichnung der Erinnyen, die zu ihrer Beschwichtigung dient

S. 54 eine Wolke wieder Erinnerung an Iphigenies Rettung in Aulis, als die Göttin sie in eine Wolke hüllte und in Sicherheit brachte und statt ihrer eine Hirschkuh auf den Altar legte

S. 58 Felseninsel die der Gott bewohnt missverständliche Formulierung, wohl ein Versehen Goethes; Delphi liegt nicht auf einer Insel, sondern auf der ausgedehnten Halbinsel des Peloponnes, also auf dem Festland.

Vatergötter Haus- und Familiengötter (vgl. auch die Erläuterung zu ›Der an den Herd der Vatergötter streifte‹ auf Seite 89)

S. 59 die Not entschuldigt's In allen späteren Ausgaben zu Goethes Lebzeiten heißt es: »die Not entschuldigt«.

»Iphigenie auf Tauris«. Zeichnung von Angelica Kauffmann (1741–1807) aus Anlass der Premiere der Versfassung des Stückes am Weimarer Hoftheater im Jahre 1802. Szene aus dem dritten Akt mit Goethe in der Rolle des Orest (sitzend in der Mitte).

S. 60 Des ew'gen Schicksals unberatne Schwester Gemeint ist wohl »Ananke« (»das Unausweichliche«), die Personifizierung des Schicksals in der griechischen Mythologie, dem selbst die Götter unterworfen sind, bzw. Anankes ›Schwester‹ »Tyche«, die Personifizierung des blinden Zufalls im Leben.

S. 61 Wohnung Heimstätte; hier als Synonym für Familie, Geschlecht; wie man etwa auch vom »Haus Habsburg« spricht (vgl. auch in Vers 1969: »unser Haus entsühnen«)

Geierklauen bezieht sich dem Sprachgebrauch des 18. Jahrhunderts entsprechend auf alle großen Raubvögel

S. 67 Bald weicht er aus, verspätet und umgeht. Mal weicht er vor dem Feind zurück, mal tritt er später als erwartet in Aktion und mal umgeht er den Feind (um ihn überraschend von einer anderen Seite her anzugreifen).

den anmut'gen Zweig In der Antike diente ein mit weißer Wolle umwundener Lorbeer- oder Ölzweig als Zeichen der Bitte um Schutz und Hilfe.

S. 68 Dem immer wiederholenden Erzähler den griechischen fahrenden Sängern (Rhapsoden), deren gleichbleibendes Repertoire die Geschichten des Mythos waren

kehrt zurückkehrt; die von Iphigenie beschriebene Situation erinnert an den heimlichen Überfall von Odysseus und Diomedes auf das trojanische Heerlager in der »Ilias« (zehnter Gesang).

S. 69 darfst Gemäß dem Sprachgebrauch des 18. Jahrhunderts könnte auch gemeint sein: ... es nötig hast.

S. 70 dass er ... entferne um den Bittsteller für den Moment loszuwerden bzw. abzuwimmeln

noch ... nicht hofft und er gibt auch nicht sein Wort, wenn er für den unwahrscheinlichen Fall, dass er es einlösen muss, gewillt ist, es zu brechen

S. 75 Dreifuß dreibeiniges Gestell, auf das im Haushalt das Kochgeschirr gesetzt wurde

Dem goldnen Felle Das legendäre Goldene Fell oder Goldene Vlies raubten dem Mythos zufolge Iason und die Argonauten aus dem ebenfalls am Schwarzen Meer gelegenen Königreich Kolchis.

S. 76 Halle pars pro toto (der Teil für das Ganze) für das Elternhaus, den königlichen Palast

die alte Krone Im antiken Griechenland trugen die Könige keine Kronen.

Wilhelm von Kaulbach (1805–1874): Aufführung von Goethes »Iphigenie auf Tauris« mit Goethe als Orest, Herzog Carl August als Pylades und Corona Schröter als Iphigenie.

Leben und Werk im Überblick

Frankfurt, 1749

Johann Wolfgang Goethe kommt am 28. August als ältestes Kind des »kaiserlichen Rats« Johann Caspar Goethe und seiner Frau Catharina Elisabeth, geb. Textor, in Frankfurt am Main zur Welt. Der Vater ist bereits 38 Jahre alt, die Mutter 17. Sie ist die Tochter Johann Wolfgang Textors, der als Bürgermeister und als Oberster Richter wichtige Posten in der Freien Reichsstadt Frankfurt bekleidet. Goethes Vater hat von seinem Vater ein größeres Vermögen geerbt, das es ihm ermöglicht, als »Particulier« (von seinem Kapital lebender Privatmann) und Sammler eine unabhängige Existenz zu führen.

Von den fünf jüngeren Geschwistern Goethes erreicht nur die Schwester Cornelia, die enge Vertraute seiner Jugend, das Erwachsenenalter. Der Bruder Hermann Jacob stirbt 1758 mit sechs Jahren, die anderen Geschwister im Kleinkindalter.

Frankfurt, 1753–1765

Die Großmutter Cornelia Goethe schenkt den Enkelkindern **1753** zu Weihnachten ein Puppentheater, das, wie auch die Erzählungen der Mutter, Johann Wolfgangs Fantasie anregt. Den Elementarunterricht übernimmt der Vater, bevor dann Privatlehrer für systematische Unterweisung (in Mathematik und den Naturwissenschaften, in Italienisch, Latein, Griechisch, Französisch, Englisch und Hebräisch) sorgen. Hinzu kommen Zeichen- und später Klavierunterricht sowie Reiten und Fechten. Während des Siebenjährigen Krieges (1756 bis 1763) bezieht der kunstsinnige französische Stadtkommandant Graf Thoranc im Goethe'schen Hause Quartier. Er erteilt den Frankfurter Malern zahlreiche Aufträge und Johann Wolfgang interessiert sich lebhaft für die Arbeit der Künstler. **1764** erlebt er die Krönungsfeierlichkeiten Josephs II. mit. Er verliebt sich in ein Mädchen, das er in seiner Autobiographie »Dichtung und Wahrheit« Gretchen nennt.

Leipzig, 1765–1768

Dem Vorbild und Willen des Vaters folgend, beginnt Goethe im Oktober **1765** in Leipzig, einem Zentrum der Aufklärung und zugleich einer modernen und modischen Handelsstadt (die Zeitgenossen sprachen von »Klein-Paris«), ein Studium der Rechtswissenschaften. Neben den juristischen Pflichtveranstaltungen besucht er die Vorlesungen der Poetikprofessoren Gottsched und Gellert, stört sich aber bald an dem von ihnen vertretenen traditionellen Literaturbegriff. Statt überlieferte Themen, Formen und Motive zu übernehmen und zu variieren, verlangt es ihn danach, eigene Empfindungen auszudrücken. Die Liebe zu der drei Jahre älteren Gastwirtstochter Anna Catharina Schönkopf verarbeitet er in Gedichten (›Buch Annette‹) und einem Lustspiel (»Die Laune des Verliebten«). Bei dem Direktor der Zeichenakademie Adam Friedrich Oeser nimmt er Zeichenunterricht und lässt sich durch dessen Mitarbeiter Johann Michael Stock in die Kunst des Kupferstechens einführen. Ende Juli **1768** kommt es zu einem gesundheitlichen Zusammenbruch; einen Monat später kehrt Goethe mit einer leichten Tuberkulose als »Schiffbrüchiger« (»Dichtung und Wahrheit«) nach Frankfurt zurück.

Frankfurt, 1768–1770

Erst im Frühjahr **1769** erholt sich Goethe von der Krankheit. Eine Verwandte der Mutter, Susanna Katharina von Klettenberg, ist in der Zeit der Rekonvaleszenz seine engste Vertraute. Mit ihr studiert er chemische und alchimistische Werke und Schriften des Naturforschers Paracelsus. Der »Faust«-Stoff bereitet sich in diesen Beschäftigungen innerlich vor. Daneben entstehen weitere literarische Arbeiten, etwa das Stück »Die Mitschuldigen«.

Straßburg, 1770–1771

Im Frühjahr **1770** geht Goethe, wieder ganz hergestellt, nach Straßburg, um dort sein Jurastudium abzuschließen. Wie in Leipzig bleibt die Rechtswissenschaft Nebenbeschäftigung. Goethe erweitert durch immense Lektüre seinen literarischen und wissenschaftlichen Horizont und besucht eifrig medizinische Veranstaltungen. Zu seinen neuen Bekannten gehört der Theologe Franz Christian Lerse, dem er im »Götz« in der Figur des Lerse ein Denkmal setzen wird. Beim Anblick des gotischen Münsters von Straßburg und in der elsässischen Landschaft empfindet er die schöpferische Kraft von Kunst und Natur. Der nur fünf Jahre ältere Theologe Herder, der sich bereits als Verfasser kulturphilosophischer Schriften einen Namen gemacht hat und sich in Straßburg von einem Augenleiden kurieren lässt, wird zu einem wichtigen Anreger. Er veranlasst Goethe, sich mit Volkspoesie, mit Homer, Ossian (angeblich einem altgälischen Epos, das sich aber später als moderne Fälschung herausstellen wird), mit englischer Literatur und dort insbesondere mit Shakespeare zu befassen.

Im Oktober **1770** lernt Goethe in Sesenheim die drei Jahre jüngere Pfarrerstochter Friederike Brion kennen. Schnell verlieben sich die beiden ineinander. Weitere Besuche in Sesenheim folgen. Goethe findet in den Liebesgedichten, die nun entstehen (darunter »Willkommen und Abschied« und das »Mailied«), zu einem ganz eigenen neuen Ton. Bald beginnen Schuldgefühle das Liebesglück zu trüben: Goethe weiß, dass er Friederike wieder verlassen wird. Nachdem er am 6. August den juristischen Lizentiatentitel erworben hat, reitet er am Folgetag noch einmal nach Sesenheim, ohne sich zu dem Geständnis überwinden zu können, dass dies sein letzter Besuch ist.

Frankfurt, 1771–1772

Zurück in Frankfurt, beginnt Goethe als Anwalt zu praktizieren. 28 Prozesse wird er in den vier Jahren seiner Anwaltstätigkeit führen. Der unterbeschäftigte Vater leistet dabei die Hauptarbeit. Goethe veranstaltet im Herbst einen ›Shakespeare-Tag‹ und schreibt Ende des Jahres in nur sechs Wochen das am Vorbild der Historienstücke des englischen Dramatikers orientierte Stück »Geschichte Gottfriedens von Berlichingen mit der Eisernen Hand«. Weil der um kritische Beurteilung gebetene Herder an dieser ersten Fassung noch viel auszusetzen hat, bleibt das Werk vorerst liegen. Goethe gewinnt einen neuen engen Freund, den acht Jahre älteren Kriegszahlmeister am Darmstädter Hof Johann Heinrich Merck, der Goethe später in mancher Hinsicht als Vorbild für den Mephistopheles im »Faust« dienen wird. Merck übernimmt zu dieser Zeit die Redaktion der »Frankfurter Gelehrten Anzeigen«, einer seit 1736 bestehenden Rezensionszeitschrift. Goethe wird freier Mitarbeiter. Im Jahr **1772** bildet sich in den Artikeln dieser Zeitschrift das Kunstprogramm des ›Sturm und Drang‹ heraus. Goethe ist häufiger Gast in Darmstadt, wo sich bei Hofe ein empfindsamer, leicht exaltierter Kreis etabliert hat, dem auch Herders Verlobte angehört. Goethes erste große Sturm-und-Drang-Hymnen in freien Rhythmen entstehen.

Wetzlar, 1772

Wie einst sein Vater geht Goethe im Frühjahr 1772, wenn auch eher lustlos, auf einige Zeit als Praktikant am Reichskammergericht nach Wetzlar. Er liest dort Pindar und Homer und begegnet unter anderem dem ihm bereits aus Leipzig bekannten Carl Wilhelm Jerusalem, der sich im Oktober (als Goethe schon nicht mehr in Wetzlar ist) aus unglücklicher Liebe zur Frau eines kurpfälzischen Legationssekretärs erschießt. Fünfzehn Monate später verwendet Goethe diesen tragischen Vorfall für seinen »Werther«-Roman.

Der detaillierte Bericht über den Selbstmord stammt von dem hannoverschen Legationssekretär Johann Christian Kestner, mit dem sich Goethe in Wetzlar angefreundet hatte. Vor allem aber liebt er während seines Aufenthalts in Wetzlar Kestners Verlobte Charlotte Buff, die er am 7. Juni auf einem Ball in Volpertshausen kennengelernt hat. Im Laufe des Sommers wird das Dreiecksverhältnis für alle Seiten belastend. Goethe zieht die Konsequenz und verlässt Wetzlar vorzeitig am 11. September. All diese Umstände fließen später in den »Werther« ein. – Auf dem Rückweg nach Frankfurt besucht er in Ehrenbreitstein bei Koblenz die Schriftstellerin Sophie von La Roche, deren Tochter Maximiliane seinen Liebeskummer lindert.

Frankfurt, 1773–1775

Auf Mercks Drängen hin veröffentlicht Goethe den umgearbeiteten »Götz von Berlichingen« im Juni **1773** im Selbstverlag. Das Stück findet ein breites und teilweise begeistertes Echo. Goethe aber laboriert weiterhin an der unglücklichen Liebe zu Charlotte Buff. Er denkt an Selbstmord. **Anfang 1774** heiratet Maximiliane von La Roche den um 21 Jahre älteren Frankfurter Kaufmann Peter Anton Brentano. Nun geht Goethe bei Brentanos ein und aus. Die Wetzlarer Konstellation beginnt sich zu wiederholen. Schließlich wird es dem Hausherrn zu bunt, Goethe stellt seine Besuche ein, zieht sich zurück und verfasst in gut vier Wochen den Briefroman »Die Leiden des jungen Werthers«.

Das Buch erscheint im Herbst und wird sogleich ein Riesenerfolg. Kein zweites Werk Goethes hat in Deutschland und Europa so viele begeisterte Leser gefunden. Goethe wird zur gesuchten Galionsfigur der jungen Dichter (Lenz, Klinger, Wagner), die als ›Originalgenies‹ im Zeichen des Sturm und Drang nach neuen Ausdrucksformen suchen. Aber auch Vertreter der älteren Generation sind beeindruckt und suchen seine Bekanntschaft. Goethe selbst bleibt weitgehend uneuphorisch. Er bearbeitet weiter seine Lebenskrise und schreibt zwei kleinere Stücke, »Clavigo« und »Stella«, deren männliche Protagonisten schwache Persönlichkeiten sind.

Ende 1774 kommt es in Frankfurt zur Begegnung mit dem sechzehnjährigen Thronfolger des kleinen Herzogtums Sachsen-Weimar-Eisenach. Goethe beeindruckt Carl August mit seinen staatspolitischen Einsichten und man scheidet »mit enthusiastischem Eindruck« (»Dichtung und Wahrheit«) voneinander. Ein um Ostern **1775** eingegangenes Verlöbnis mit der sechzehnjährigen Bankierstochter Lili Schönemann lässt Goethe keineswegs zur Ruhe kommen, sondern stürzt ihn in noch stärkere innere Konflikte. »O wenn ich jetzt nicht Dramas schriebe, ich ginge zu Grund«, schreibt er in dieser Zeit an Auguste von Stolberg. Er flieht mit Augustes Brüdern als »durchgebrochener Bär« in die Schweiz, überlegt, weiter nach Italien zu gehen, kehrt dann doch noch einmal zu Lili zurück und löst schließlich im Herbst das Verlöbnis. Kurz darauf trifft eine Einladung Carl Augusts nach Weimar ein. Goethe nimmt an und reist ab.

Weimar, 1775–1786

Carl August, der eben mit 18 Jahren die Regierung übernommen hat, bewegt seinen Gast, dauerhaft in Weimar zu bleiben. Er macht ihn, zunächst gegen den Widerstand der beiden erfahrenen Kollegen, zum Mitglied des »Geheimen Conseil«. Im Juni **1776** ernennt er ihn zum Geheimen Legationsrat und inspiziert mit ihm die alten Bergwerksbetriebe. Im Februar **1777** wird Goethe als Leiter einer neu gegründeten Bergwerkskommission eingesetzt. Zwei Jahre später, **1779**, überträgt der Herzog ihm den Vorsitz der Kriegskommission und der Wegebaukommission. Ab Juni **1782** beaufsichtigt Goethe zudem die Staatsfinanzen. Kurz davor, im April, erhält er durch ein Diplom des Kaisers, Josephs II., den Adelstitel.

Durch die Verantwortung für die Bergwerke erwacht Goethes Interesse an Steinen und Mineralien und an umfassender praktischer Naturforschung. Er beginnt eine Theorie über die Erdentstehung zu entwickeln, zu der ihm die zweite Schweizer Reise (im Herbst **1779**, zusammen mit Carl August) sowie drei Reisen in den Harz (**1777**, **1783** und **1784**) weitere Ideen liefern. Daneben beginnt er anatomische Studien zu betreiben. Bereits **1776** hatte er mit dem Maler Georg Melchior Kraus die »Fürstlich freie Zeichenschule« gegründet, in der er nun im Winter **1781/82** Vorlesungen über den menschlichen Knochenbau hält. Höhepunkt der anatomischen Beschäftigung ist die Entdeckung des unabhängigen Zwischenkieferknochens.

An diesen und anderen Studien nimmt die Hofgesellschaft Weimars interessierten Anteil. Schon vor Goethes Ankunft war man geistig interessiert gewesen. Der berühmte Schriftsteller Christoph Martin Wieland war 1772 als Prinzenerzieher nach Weimar geholt worden und lebt nach wie vor dort. Auf Goethes Betreiben hin werden 1776 Herder als Superintendent (oberster geistlicher Aufseher) und die Sängerin und Schauspielerin Corona Schröter nach Weimar berufen. Ebenfalls noch **1776** ruft Goethe, als Ersatz für das abgebrannte Schlosstheater, eine provisorische Liebhaberbühne ins Leben, auf der seine eigenen älteren und eine Reihe von neu entstehenden Einaktern, Lust- und Singspielen aufgeführt werden. Im April **1779** kommt es in diesem Rahmen zur Uraufführung der Prosafassung der »Iphigenie«. Corona Schröter spielt die Titelfigur, Goethe den Orest und Carl August im Wechsel mit seinem jüngeren Bruder Constantin den Pylades. Das Stück verherrlicht die Tugenden der ›Menschlichkeit‹, ›Wahrheit‹ und ›Reinheit‹, die im ersten Weimarer Jahrzehnt wichtige Leitideen für Goethes praktisches und künstlerisches Wirken sind.

Bestärkt wird er in diesem Streben von der sieben Jahre älteren verheirateten Hofdame Charlotte von Stein, mit der ihn eine starke, wenn auch platonische Liebesbeziehung verbindet. Jahrelang reibt er sich auf, preist »die Pflicht« und »das Muss«; doch er beginnt auch öfters zu klagen, er lade sich »fast zu viel auf« (so im Februar 1781 in einem Brief an Lavater). Bedeutendere Werke zu vollenden – wie den schon aus Frankfurt mitgebrachten »Faust«, das Drama »Egmont«, ferner ein Stück über den italienischen Dichter des 16. Jahrhunderts Torquato Tasso sowie den Anfang 1777 begonnenen Roman »Wilhelm Meisters theatralische Sendung« –, fehlt entsprechend die Kraft. **1786** ist Goethe entschlossen, sich wenigstens auf Zeit von allen Verpflichtungen freizumachen. Anfang September, kurz nach seinem 37. Geburtstag, reist er nach Italien ab. Nur der Herzog ist informiert.

Italien, 1786–1788

Goethe reist unter dem Namen Johann Philipp Möller über Verona, Vicenza, Padua, Venedig und Bologna nach Rom, wo er Ende Oktober ankommt. Dort wohnt er mit den Malern Wilhelm Tischbein, Friedrich Bury und Johann Georg Schütz zusammen, studiert die Kunstwerke der Antike und der Renaissance, genießt seine Freiheit und arbeitet an seinen Dichtungen. Fertig wird in den anderthalb Jahren der Italienreise nur die Endfassung der »Iphigenie« in fünfhebigen Jamben. Dennoch ist Goethe ausgefüllt und zufrieden. In seinen Briefen spricht er von seiner »Wiedergeburt«. Im Frühjahr **1887** reist er nach Neapel und dann weiter nach Sizilien. Nach drei Monaten ist er wieder in Rom, wo er noch ein knappes Jahr, bis Ostern **1788**, bleibt. Dann kehrt er über Florenz, Mailand und die Schweiz nach Weimar zurück. Dem Herzog hat er bereits angedeutet, dass ihn der Gedanke, in seine früheren Ämter zurückzukehren, bedrückt. Dieser zeigt Verständnis und betraut ihn nur noch mit der Aufsicht über die kulturellen Einrichtungen des Herzogtums: die Universität Jena, das Theater, die Zeichenschule, die Bibliotheken und die Parkanlagen.

Weimar, 1788–1793

Die erste Zeit nach der Rückkehr ist schwer. Goethe fühlt sich isoliert und unverstanden. Charlotte von Stein gibt sich distanziert. Das liegt auch daran, dass Goethe kurz nach seiner Rückkehr aus Italien die 23-jährige Christiane Vulpius zu sich genommen hat. Sie ist die Tochter eines (1786 verstorbenen) niedrigen Beamten und hat, bevor sie Goethes Lebensgefährtin wurde, in einer von der Frau des Unternehmers Bertuch betriebenen Kunstblumenwerkstatt gearbeitet. Die Hofgesellschaft tuschelt hinter Goethes Rücken über das ungleiche Paar.

Goethe stellt den »Tasso« fertig, in dessen Zentrum die Konflikte des selbstbezogenen Künstlers mit der Welt der praktischen Tätigkeit stehen. Ende Dezember **1789** bringt Christiane den Sohn August zur Welt. Goethe feiert die sinnliche Liebe in 24 »Römischen Elegien«, seinen ersten Dichtungen in antiken Versmaßen. Auch dieses Werk trägt ihm die Kritik der Sittenhüter ein. Er intensiviert seine Naturbetrachtungen und notiert, »die Konsequenz der Natur« tröste »schön über die Inkonsequenz der Menschen« hinweg. Er versucht im Studium der Pflanzen und Tiere die Vielfalt der Erscheinungen auf möglichst einfache Prinzipien zurückzuführen.

Um **1790** beginnt Goethe zudem mit seinen Forschungen zu optischen Phänomenen und Überlegungen zur Farbentheorie, die ihn zwei Jahrzehnte beschäftigen. **1791** wird das neue herzogliche Hoftheater gegründet. Goethe wird künstlerischer Leiter. Er nimmt dieses Amt bis 1817 wahr.

Die Französische Revolution erlebt er, im Unterschied zu vielen Weggefährten, von Anfang an als Unheil. Er reagiert mit künstlerisch wenig geglückten Theaterstücken (»Der Groß-Cophta«, 1792, »Der Bürgergeneral« und »Die Aufgeregten«, beide 1793). Seinen Herzog, der als General der preußischen Armee angehört, begleitet er während des ersten Koalitionskrieges (Österreich und Preußen gegen Frankreich) ins Feld und erlebt im September **1792** die berühmte Kanonade bei Valmy mit, auf der sich das Kriegsglück zugunsten der Franzosen wendet. Auch die Belagerung von Mainz verfolgt er von Mai bis August **1793** als Augenzeuge. Zwischendurch lenkt er sich mit farbtheoretischen Studien und einer Neufassung des mittelhochdeutschen Tierepos »Reineke Fuchs« in antiken Hexametern von der kriegerischen Gegenwart ab.

Weimar, 1794–1805

1789 ist Friedrich Schiller an die Universität Jena berufen worden. Krankheitshalber muss er seine Lehrtätigkeit bald wieder ruhen lassen. Fünf Jahre lang kommt es zwischen Goethe und dem zehn Jahre jüngeren Schiller zu keiner rechten Annäherung. Dann lädt Schiller Goethe im Juni **1794** zur Mitarbeit an der von ihm geplanten Monatsschrift »Die Horen« ein. Goethe sagt zu und Schiller schreibt ihm bald darauf zwei Briefe, in denen er Goethes Künstlerschaft bewundernd analysiert. Sie bilden den Auftakt zu einem zehnjährigen engen Bündnis und Austausch über alle Fragen der beiderseitigen dichterischen Produktion. Erst Schillers Tod im Mai 1805 setzt dem ein Ende. Der über tausend Briefe umfassende Briefwechsel der beiden dokumentiert diese Zusammenarbeit, besonders in den ersten Jahren bis 1799. Dann zieht Schiller nach Weimar und der Austausch setzt sich vor allem im persönlichen Gespräch fort. Schillers Umzug nach Weimar hat auch damit zu tun, dass im Vorjahr das umgebaute Weimarer Hoftheater wiedereröffnet worden ist. Goethe hat die Leitung inne, Schiller fungiert als künstlerischer Berater.

Erst auf Schillers Drängen hin wendet sich Goethe erneut ernsthaft dem Dichten zu. Er nimmt den abgebrochenen Roman »Wilhelm Meisters theatralische Sendung« wieder vor, arbeitet ihn um und verleiht dem Individuellen von Meisters Lebensgeschichte einen Zug ins Allgemeine und Exemplarische. **1795/96** erscheint der Roman unter dem Titel »Wilhelm Meisters Lehrjahre« in vier Bänden. Die jungen Autoren der romantischen Generation (vor allem die Brüder Schlegel, Tieck und Novalis) feiern das Buch als Ereignis.

Gegenüber der (literarischen) Öffentlichkeit präsentieren sich Goethe und Schiller **1796** im sogenannten Xenienstreit als Verbündete. Aus Verdruss über die geringe Resonanz auf Schillers Zeitschrift »Die Horen« dichten sie (auf Goethes Vorschlag hin) fast tausend kleine Spottverse (eben die »Xenien«, »Gastgeschenke«) auf alle Personen der literarischen Welt, die ihnen gegen den Strich gehen. Die Sache schlägt hohe Wellen. Goethe und Schiller reagieren mit neuen Werken, um ihre Vorrangstellung zu untermauern. So entstehen **1797** die großen Balladen beider Dichter.

Zudem veröffentlicht Goethe sein bereits im Herbst 1796 in wenigen Wochen verfasstes episches Gedicht in antikem Versmaß »Hermann und Dorothea«, das 1797 erscheint und Goethes größter Erfolg nach dem »Werther« – und im 19. Jahrhundert gewissermaßen das ›Hausbuch‹ des deutschen Bürgertums – wird. Bis zu Goethes Tod erscheinen 30 Auflagen.

1798 bis 1800 gibt Goethe zusammen mit dem ihm befreundeten Maler Johann Heinrich Meyer – der 1792 bis 1802 bei Goethe wohnt – eine eigene Zeitschrift heraus, die »Propyläen«, in der er vor allem unter Bezug auf die bildenden Künste seine Vorstellungen von an klassischen Idealen orientierter Kunst zu verbreiten versucht. Aber auch diese Zeitschrift stößt auf kein breites Interesse.

Weimar, 1805–1832

Schillers Tod im Mai 1805 beklagt Goethe als großen Verlust. Er wird keinen Gesprächspartner mehr finden, der ihm diesen Kollegen und Freund ersetzen könnte. Im April **1806** schließt er den ersten Teil des »Faust« ab, den zu vollenden Schiller immer wieder gemahnt hatte. Das Drama erscheint aber erst 1808, nachdem sich die politische Lage wieder etwas stabilisiert hat. 1806 hatte sich Preußen, nachdem es (wie in seinem Windschatten auch das Herzogtum Sachsen-Weimar-Eisenach) zehn Jahre lang Neutralität gewahrt hatte, gegen Napoleon gestellt und am 14. Oktober in der Schlacht von Jena und Auerstedt, also ganz in der Nachbarschaft Goethes, eine existenzbedrohende Niederlage erlitten. In Weimar kommt es zu Plünderungen. Französische Soldaten dringen bis in Goethes Schlafzimmer vor. Allein der energische Auftritt Christianes bewahrt den Hausherrn vor Schlimmerem. Wenige Tage später heiratet Goethe seine Gefährtin. Der 16-jährige Sohn August und der Sekretär Riemer sind Trauzeugen.

Zwei Jahre später, am 2. Oktober **1808**, empfängt Napoleon am Rande des Fürstentags in Erfurt Goethe in einer halbstündigen Audienz. Gesprochen wird unter anderem über den »Werther«, den Napoleon mehrfach gelesen hat. Goethes Bewunderung für Napoleon bleibt auch in den Zeiten des allgemeinen Franzosenhasses und der Befreiungskriege (1813–1815) unerschüttert, was ihm viel Unverständnis einträgt.

Wichtige Werke der folgenden Jahre sind der Roman »Die Wahlverwandtschaften« (1809) und das dramatische Festspiel »Pandora« (1810). Goethes Altersstil bildet sich heraus, in dem das menschliche und gesellschaftliche Leben als Ausdrucksformen der ewigen Naturgesetze gedeutet werden. **1810** wird auch die »Farbenlehre« abgeschlossen und veröffentlicht.

Die Jahre nach 1810 stehen zunächst im Zeichen autobiographischer Arbeiten. Die ersten drei Bücher der Geschichte seiner Kindheit und Jugend (bis zum Weggang nach Weimar 1775) veröffentlicht Goethe Anfang **1814** unter dem Titel »Dichtung und Wahrheit«.

Der vierte Teil folgt erst 1830. **1816/17** lässt Goethe die Darstellung seiner »Italienischen Reise« erscheinen, 1822 seine Erlebnisse aus der ersten Phase der Koalitionskriege gegen das revolutionäre Frankreich (»Campagne in Frankreich 1792« und »Belagerung von Mainz«). Eine stichwortartige Gesamtschau seines Lebens bieten die **zwischen 1822 und 1825** entstandenen »Tag- und Jahreshefte« bzw. »Annalen«.

Goethes lyrisches Alterswerk ist der »West-Östliche Divan« (**1819**), angeregt durch das Werk des persischen Dichters Hafis aus dem 14. Jahrhundert. Das Publikum reagiert mit Unverständnis.

Zwischen 1816 und 1828 lässt Goethe in unregelmäßiger Folge eine Zeitschrift »Über Kunst und Altertum« erscheinen, in der er fast ausschließlich eigene Aufsätze publiziert. Als er **1817** die Direktion des Hoftheaters abgibt, wendet er sich wieder vermehrt der Naturforschung zu. Bis zu seinem Tod führt er die Aufsicht über die naturwissenschaftlichen Institute der Universität Jena und ihre Sammlungen; von hier gehen viele Impulse für eigene Beobachtungen und Theorien aus. Diese veröffentlicht er in den beiden Schriftenreihen »Zur Morphologie« und »Zur Naturwissenschaft überhaupt« (**1817–1824**).

Die beiden großen Alterswerke auf dem Gebiet der Prosa und des Dramas sind der Roman »Wilhelm Meisters Wanderjahre« (erste Fassung **1821**, zweite Fassung **1829**) und der zweite Teil des »Faust«, an dem Goethe **zwischen 1825 und 1831** arbeitet. Beide Werke waren in ihren Grundzügen schon in der Zeit der Zusammenarbeit mit Schiller skizziert worden. Verbindendes Thema des formal bewusst heterogenen Altersromans, der kaum eine durchgängige Handlung mehr aufweist, ist die Entsagung des Einzelnen zugunsten der Gemeinschaft. Viele Leser findet das Buch nicht. Auch der zweite Teil des »Faust« bleibt in seiner intellektuellen Abstraktion großen Teilen des Publikums fremd.

Ein weiteres Hauptprojekt des letzten Lebensjahrzehnts ist die Arbeit an der Ausgabe letzter Hand von Goethes Werken. Ein kleiner

Mitarbeiterstab trägt die Hauptlast des Sammelns, Ordnens und Herausgebens. Überhaupt hat Goethe schon seit Jahrzehnten bei seiner schriftstellerischen Tätigkeit die Dienste von Sekretären und Schreibern in Anspruch genommen. Er arbeitet, indem er diktiert.

Bereits **1816** ist Goethes Frau Christiane gestorben. **1823** verliebt sich der Vierundsiebzigjährige während des Kuraufenthalts in Marienbad in die 55 Jahre jüngere Ulrike von Levetzow und denkt an Heirat. Als er einsieht, dass seine Hoffnungen unerfüllt bleiben werden, entsagt er der Aussicht auf weiteres Liebesglück. Von da an bewegt er sich nicht mehr aus der näheren Umgebung von Weimar fort.

1828 stirbt Herzog Carl August, **1830** Goethes Sohn August im Alter von 40 Jahren in Rom. Goethe bleibt bis zu seinem Lebensende Ziel der Verehrung der Gebildeten. Der Strom der Besucher, die es zu den wichtigsten Momenten ihres Lebens zählen, dass sich der große Mann kurz Zeit für sie genommen hat, reißt nicht ab. Am 22. März **1832** stirbt Goethe im Alter von 82 Jahren.

westermann GRUPPE

Druck A 2 / Jahr 2019
Alle Drucke der Serie A sind im Unterricht parallel verwendbar.

Bildnachweis: S. 2 (Porträt Goethes): akg-images GmbH; S. 79, 80, 81 und 91 (Anselm Feuerbach: Iphigenie. 4 Fassungen): Aus: Anselm Feuerbach. Ausstellungskatalog. Hrsg. vom Historischen Museum der Pfalz (Speyer). Ostfildern-Ruit: Hatje Cantz Verlag 2002, S. 43, 189, 205 und 72; S. 93: wikimedia commons; S. 95: wikimedia commons / Morn

Redaktion, Satz, Erläuterungen und ›Leben und Werk im Überblick‹: Dr. Hans-Georg Schede, Freiburg
Layout: Yvonne Behnke, Berlin
Druck und Bindung: Westermann Druck GmbH Zwickau

ISBN 978-3-507-**69991**-5

Schroedel Interpretationen

ISBN 978-3-507-47715-5

Die »Schroedel Interpretationen« bieten anspruchsvolle, doch verständlich und interessant geschriebene Darstellungen und Deutungen von wichtigen Werken der deutschen Literatur. Dabei liegt ein besonderer Akzent auf der Vermittlung literaturgeschichtlicher Kenntnisse.
Die Bände der Reihe eignen sich besonders zur Vorbereitung auf Referate, Hausarbeiten, Klausuren und Prüfungen.
Ihr Umfang liegt in der Regel zwischen 112 und 128 Seiten und sie enthalten zahlreiche Abbildungen.

Weitere Bände der Reihe in Auswahl:

Bertolt Brecht: Leben des Galilei
ISBN 978-3-507-47702-5

Georg Büchner: Woyzeck
ISBN 978-3-507-47708-3

Friedrich Dürrenmatt: Die Physiker
ISBN 978-3-507-47712-4

Theodor Fontane: Effi Briest
ISBN 978-3-507-47707-0

Johann Wolfgang von Goethe: Faust I
ISBN 978-3-507-47721-6

Franz Kafka: Die Verwandlung
ISBN 978-3-507-47727-8

Heinrich von Kleist: Michael Kohlhaas
ISBN 978-3-507-47705-6

Gotthold Ephraim Lessing: Emilia Galotti
ISBN 978-3-507-47724-7

Thomas Mann: Der Tod in Venedig
ISBN 978-3-507-47728-5

Friedrich Schiller: Kabale und Liebe
ISBN 978-3-507-47723-0

Inhaltsverzeichnisse und Probeseiten zu allen Bänden der Reihe:
www.schroedel.de/Interpretationen